珠联宝合

张　祺　著

中原出版传媒集团
大地传媒

大象出版社
·郑州·

图书在版编目(CIP)数据

珠联宝合 / 张祺著.— 郑州：大象出版社，
2017.1
ISBN 978-7-5347-8520-7

Ⅰ.①珠… Ⅱ.①张… Ⅲ.①宝石—工商企业—产业
发展—概况—河南 Ⅳ.①F426.89②TS933.21

中国版本图书馆 CIP 数据核字(2016)第 295712 号

珠联宝合

张 祺 著

出版人 王刘纯
责任编辑 邵培松 张 琰
责任校对 倪玉秀
书籍设计 付锬锬

出版发行 大象出版社(郑州市开元路 16 号 邮政编码 450044)
发行科 0371-63863551 总编室 0371-65597936
网 址 www.daxiang.cn
印 刷 河南安泰彩印有限公司
经 销 各地新华书店经销
开 本 787mm×1092mm 1/16
印 张 13.5
字 数 196 千字
版 次 2017 年 1 月第 1 版 2017 年 1 月第 1 次印刷
定 价 80.00 元

印厂地址 郑州市中原路与华山路交叉口向南 200 米路西华山路 78 号
邮政编码 450000 电话 0371-67196689

我为中原珠宝人喝彩（代序）

光阴荏苒，十年弹指一挥间。

回首往昔，也许是过眼云烟、物是人非，也许是日益茁壮、铿锵有力，但中原珠宝业十年努力不寻常。我们相知、相伴、相助、相守，同呼吸，共命运。

十年间，我们见证了中原珠宝业发展的波澜壮阔，我们聆听了品牌故事的蜿蜒曲折。命运多舛时，我们曾一起砥砺奋发；事业顺利时，我们曾一起对酒当歌。十年栉风沐雨，欢乐和泪水相伴，我们不离不弃、同舟共济。古人云：事在人为。今天，中原珠宝业的欣欣向荣在向世界证明，中原珠宝业用一个个郁郁葱葱、厚重踏实的十年，终能铸就出光辉的时代伟业。

十年间，中原珠宝业涌现出了一批又一批执着前行的风云人物，铭刻了一桩又一桩惊心动魄的新闻事件，打造了一个又一个耳熟能详的知名品牌。他们是行业发展的推手，是行业革新的力量，是未来蓝图的设计者。作为媒体人，我们应责无旁贷地记录下这跌宕起伏的创业史、波澜壮阔的行业发展史。因此，《珠联宝合——中原珠宝璀璨十年录》一书顺势而为，应时而出，以十年风云录、九大璀璨名企、九大传奇人物等为画面，360° 全景展现砥砺前行的中原珠宝业。

心之舞动，绽放梦想。新的画卷即将展开，志存高远，勇攀高峰。新起点、新征程、新希望，将再一次让我们心连心、手牵手、肩并肩，共同缔造中原珠宝业的丰功伟绩，为中原珠宝业的大发展、大繁荣添上浓墨重彩的一笔。

我们有理由相信，这些风云人物的创新创造、改革发展，他们的携手同行、行业共荣，甚至他们的每一丁点儿的努力，都将更加推进中原珠宝业的百花齐放，春色满园。

我为中原珠宝人喝彩！

张　祺

目录

十年
风云录

引　言

从 1997 年到 2014 年，短短的十七年，对河南珠宝业来说，不仅是由孕育、萌芽到发展、繁荣的十七年，也是从管制到开放、从激情扩张到理性壮大的十七年。在这段发展史上，河南珠宝业演绎着从无到有、从有到全的精彩剧集，且正在向着从全到优这一方向发展。

尤其是 2003 年至 2013 年，十年的光阴流逝中，河南珠宝业以前所未有的勃发姿态，成就着属于河南人的财富神话，也构筑着属于河南人的珠宝梦。

毋庸置疑，河南珠宝业的十年发展史，是一卷行业的传奇，也是一部业界领头人的奋斗史，凝聚了所有珠宝人的心血和汗水。

河南珠宝业的十年发展史，是珠宝江湖的风云录。它既有“城头变换大王旗”的市场激荡，也有“任他风吹雨打，我自岿然不动”的品牌传奇；既有谈笑间携手共赢的豪迈，也有短兵相接、激烈如战的贴身厮杀；既有珠宝界领头人的专注与痴情，也有珠宝业新兵的张扬与狂妄……

在这十年的发展史上，好汉更要提当年勇，因为领头人的存在与推动，才有了河南珠宝业的璀璨十年，他们为河南经济的发展腾飞、中原经济区的建设立下了汗马功劳。

让我们追溯历史，跟随珠宝人的足迹，来回忆、追访、记录河南珠宝业的十年发展史，追忆各大节点性事件，还原当年的风云人物，再现那些难忘的岁月，提一提珠宝人的好汉当年勇，以期在未来十年里，河南珠宝业能够迈出更坚实的步伐，迎来更明媚的春光。

第一章

体制内的先行者

高高的银行柜台，小小的交易窗口，给什么款要什么款的黄金首饰，紧俏时买件首饰还得托人……这些元素组合在一起，就是家住东大街的“老郑州”李阿姨对 20 世纪 90 年代购买黄金首饰的记忆。

在她的记忆里，1997 年之前，郑州的大街小巷还没有像今天这样遍布珠宝首饰的专卖店与专柜。那个年代的人们购买首饰通常是结婚时用，想要买首饰就得到各地人民银行专门卖首饰的窗口，而能买到的首饰除了黄金的，还是黄金的。

李阿姨的回忆，也是那个年代人们对于珠宝首饰的共同记忆。

而这一切的源头可以追溯至 1950 年中国人民银行制定下发的《金银管理办法（草案）》。这份草案明确规定国内的金银买卖统一由中国人民银行经营管理，民间金银买卖被冻结。

这样的管制一直持续到 20 世纪 90 年代中期，才有所松动。

▶ 一张许可证成就三个品牌

让我们把时间定格在 1997 年。

与现在不同，那时我国实施的是黄金制品零售业务许可证管理制度，这就意味着当时想要从事黄金制品的销售是有门槛的。这个门槛，就是必须先取得黄金制品零售业务许可证。

当时，想要取得这个许可证难度极大。以 1997 年的河南为例，除了中国人民银行郑州支行及其在豫各地的分支机构等人民银行系统持有黄金制品零售业务许可证外，省内只有郑州、洛阳、开封三地有几家持有黄金制品零售业务许可证的民间机构与企业。整个郑州市场，开店的只有老天成金店等极少数几家。

时至今日，人们已无法想象在那个年代这样一张黄金制品零售业务许可证的珍贵性。而在当年，能够拿到这样一张黄金制品零售业务许可证的人无疑是时代的幸运儿，更是河南珠宝业的先行者。谢宗选、黄旭文夫妇就是这样的先行者。这张黄金制品零售业务许可证为他们夫妇二人开启了一个全新的人生舞台。

“我们是 1997 年拿到黄金制品零售业务许可证的，当时，这张许可证设定的经营范围是黄金首饰的零售。1999 年，经营范围才扩大至批发加零售。”黄旭文回忆说，“如此宝贝的特许经营执照拿到手后，我们一直在想办法让它发挥最大的作用。”事实也确实如此。最初只是黄旭文、黄飞雪姐妹在郑州市二七塔附近开金店，从做零售到做批发；如今黄旭辉、黄旭文、黄飞雪三兄妹各自创下自己的三大珠宝品牌且已在业界占得一席之地。

如今的成就与黄氏三兄妹在珠宝业的零售领域先行一步有着莫大的关系。初入珠宝业，为了让自己金店销售的黄金首饰款式更新颖一点，他们采取的方式是到深圳保税区的珠宝批发市场采购。1997 年，从郑州到深圳远非今天这样坐着飞机或火车前往就能搞定了，那时除了路途遥远，还有手续的繁琐。第一个难题是，前往深圳的珠宝批发市场所在的保税区需要过同乐海关，而过海关就需要持有特区通行证。还有个难题是，当时的黄金首饰的生产厂家比较少。

“那个时候，困难多，回报也大。”黄旭文想到那时的经历，感慨颇多，“各地人民银行销售的黄金首饰样式普遍笨重，不精巧。深圳款就不同了，时尚度要高一些，拿回来的深圳款（黄金首饰）很受市民欢迎。不过，要是用现在的眼光去看，当时的深圳款与时尚还是有一定距离的。”她坦言：“在那个年代，能够先行一步，哪怕困难重重，也是一种莫大的幸运。”

▶ 巧妙借力谋出好事业

与黄旭文夫妇取得黄金制品零售业务许可证的方式相比，金鑫珠宝的创始人年永安的经历似乎不能仅用幸运来概括。在取得黄金制品零售业务许可证的过程中，年永安独辟蹊径，用的劲儿似乎更讨巧，借力也借得恰到好处。

1997 年，洛阳拥有黄金制品零售业务许可证的企业并不多，洛阳亚细亚商场是其中一家。面对一照难求的现实，年永安没有走想办法拿到黄金制品零售业务许可证的常规路子，而是想到了借力。这样的做法大胆跳脱，极具年永安式风格——不按常理出牌且不跳出游戏规则。

当时，河南的第一轮商战刚刚接近尾声，亚细亚集团在这一轮商战中元气大伤，各地的亚细亚商场经营举步维艰。这个时候，年永安找洛阳亚细亚商场谈合作无疑是最佳时机。

时机瞅得准，年永安与洛阳亚细亚商场的合作自然推进得很顺利。年永安租下经营困难的洛阳亚细亚商场的场地经营黄金首饰，使洛阳亚细亚商场黄金首饰这一品类从经营的困境中走了出来，而作为合作条件，洛阳亚细亚商场与年永安共享黄金制品零售业务许可证。

就这样，年永安这一颇具“双赢”理念的合作模式水到渠成。1997 年 10 月，洛阳亚细亚金鑫珠宝有限公司开门迎宾，这个公司的开业无疑是金鑫珠宝帝国的第一块版图。有了成功的模式在前，年永安又成功复制了这一模式，于 1999 年 10 月与洛阳上海市场百货大楼合作，成立了洛阳上百金鑫珠宝有限公司。

现在回头去看，不得不承认，年永安选择的时机恰到好处，两次巧妙的借力也颇有看点。成功的借力，使他的企业与其他民营企业相比大

金鑫珠宝洛百店开业

大缩短了成长时间，先人一步地站在了更好的发展平台上。也正是在这样的发展平台上，金鑫珠宝这一民营珠宝企业才有机会开创多个业界先河，绽放出独特的光彩。

“当时，金鑫珠宝的好多做法，不仅在洛阳，在河南，乃至全国都是跑在最前面的。”时至今日，回忆起当时的种种辉煌，年永民总会用“以此为荣”的语气进行描述，“当时国内所有的百货商场都把黄金首饰放在顶层来卖，比如洛阳亚细亚商场的黄金首饰就是在四楼卖的。因为在那时人们的认知中，黄金首饰是贵重商品，放在顶楼该买的人依然会买，对于百货商场来说，安保工作也会好做得多。金鑫珠宝进入百货商场后，大胆地将黄金首饰搬到一楼来卖。不仅如此，金鑫珠宝还打破业界‘贵重物品售出概不退换’的行业规则，推出‘10 日内随意退货’的服务。那时候，金鑫珠宝的做法在业内看来是异类，而如今，无论是将珠宝放在一楼重要位置来经营，还是推出宽松的调换办法，都已经成为河南珠宝业乃至国内珠宝业的行业常态。”

▶ 从管制到开放，迎来春天

黄旭文夫妇也好，年永安也罢，无论这些行业的先行者采取怎样的方式取得黄金制品零售业务许可证，他们都令人钦佩，因为他们的行为使河南珠宝业从无到有迈出了最勇敢的第一步。

当时，像黄旭文夫妇、年永安这般“幸运”的珠宝商只是少数，但是这并不影响更多的普通人投身珠宝业的热情。或许他们每个人的起点各不相同，却都在这个阶段站在了河南珠宝业的起跑线上。

同样在 1997 年，来自福建莆田的林玉瑞以另一种方式实现着自己的珠宝创业梦。他跟随哥哥用精巧的手工做着珠宝首饰的维修加工，静待机遇的来临。而像林玉瑞这样的福建莆田人，漂在郑州的还有许多，张国汉就是其中的一位。他出生在福建莆田北高镇的打金世家，其祖辈从事黄金珠宝加工的历史可以追溯至 1908 年。张国汉与林玉瑞所走的发展之路相似，他在郑州打拼之初，也是凭借一手精湛的黄金首饰维修加工技艺攒下了人生的第一桶金。1997 年之后，怀揣财富梦想的他开始了自己的探索：从为金店跑业务到入股金店进行经营，再到以股东身份开办属于自己的金店。张国汉的财富梦想在自己的努力下一步步变为现实。

黄旭文、年永安、林玉瑞、张国汉……尽管他们每一位在创业时走出的道路大相径庭，但仔细探究的话，又会发现，在那样一个年代，投身珠宝业的每个人的创业行为看似偶然，却充满着必然性。1997 年以来，国内整个珠宝业的大背景正在经历从管制到开放的过程，也正是这个过程为珠宝业的繁荣与后来的珠宝业领头人的成长提供了最适宜的土壤。

从某种意义上说，这些先行者只是快人一步，抓住了身边转瞬即逝的机遇。同样是在这个过程中，有的人留下的只有叹息。

业内有这样一个真实的段子：2001 年，有一个地市的新珠宝商，刚刚花了 30 万元接手了业内转让的黄金制品零售业务许可证，就赶上了黄金制品零售业务许可证管理制度取消。进入珠宝行业的门槛一夜之间降低，他花出去的钱就这样交了学费。这样的事情，在 2001 年绝非个案。而说到这个段子，就不能不回顾这样一组政策——

2001 年 8 月 1 日，足金饰品、金精矿、金块矿和金银产品价格放开；

2001 年 11 月 1 日，我国黄金饰品零售管理改革办法正式实行，取消黄金制品零售业务许可证管理制度，实行核准制；

2001 年 11 月 28 日，上海黄金交易所模拟试运行。

从这组政策中不难看出，渐次松绑的政策正在肥沃着珠宝产业生存、成长的土壤。尤其是以核准制代替黄金制品零售业务许可证管理制度中的一条新信息——允许开办黄金制品零售连锁店，更是为珠宝产业的快速发展提供了一条新途径。也正是从 2002 年开始，河南这片土地上开始孕育出从事黄金批零的大小商家。

与黄金市场相类似，钻石市场同样经历了从管制走向开放的过程。

2000 年 10 月，上海钻石交易所正式成立；2002 年 10 月，上海黄金交易所正式运行；2003 年 8 月，pt 99.95 品种（铂金）正式在上海黄金交易所挂牌交易。这标志着我国珠宝、钻石饰品的原料和制品从流通体制上步入了市场经济的轨道。

这些政策面的持续松绑，为河南珠宝业提供了一个飞跃式发展的平台。这样一个时代给予的机会，不仅改变了河南珠宝业的发展走向，也为改变河南人的珠宝消费审美与理念提供了可能。

第二章

澎湃的黄金梦想

从 2000 年之后陆续发布的珠宝产业政策来看，黄金绝对是所有珠宝品类中最早解绑的，这无疑奠定了黄金在河南珠宝产业的老大地位，也为黄金的快速发展插上了翅膀。更何况，从 1997 年最低点的每克不足 80 元，到 2003 年最高点的每克 110 元左右，上涨的金价，刺激着河南人消费黄金的热情，也挑动着河南第一代珠宝商血管里澎湃的财富梦想。

▶ 黄金一统江湖的时代

1997 年 7 月 8 日，西方各国中央银行有秩序地削减黄金储备，直接或间接地带动着国际金价一路下跌，在这一年里，金价一度跌至 1985 年以来的最低水平。

这个时间点，恰恰与一大批河南珠宝商进入市场的时间重叠。不得不说，这样一个时间点，对于国际金融市场而言，或许是一场灾难；但是，对于河南珠宝产业而言，从某种意义上来说却意味着新的发展机遇。

20 世纪 90 年代末的河南经历了第一轮商战的洗礼，河南经济的活跃度与开放度远远高于周边省份。加之此时的河南人，已有一部分在国家政策的带动下先富了起来。他们对于财富、对于美有着日渐清晰而执着的追求，珠宝无疑能够同时满足他们对于财富和美的追求。在当时的市场上，对于普通消费者而言，最方便购买到的珠宝就是黄金。这就水到渠成地成就了黄金一统珠宝江湖的地位，并奠定了其坚实的消费基础。

同时，此阶段的河南珠宝商面对政策面已经松绑的黄金这一品类，开始有意识地进行零售、批发，要甩开膀子大干一番。

以二七商圈为例，天成珠宝位于二七路与德化街的两家店面，黄金首饰的零售做得风生水起。而与之毗邻的南下街上，大大小小的珠宝品牌的黄金首饰批发业务同样繁忙。

曾经的老天成金店

持续上行的国际金价，似乎在珠宝商的眼前开启了一扇充满魔力的大门。

“现在回忆起来，还会觉得心跳加快。那是什么概念啊！从 1997 年到 2003 年，短短七年的时间，每克黄金价格上涨了 30 元左右。这意味着什么？意味着赶上这班车，做黄金首饰的批发也好，零售也好，财富是不断增值的！”黄旭文曾这样描述。就这样，在河南珠宝商有意识的推动下，黄金首饰在河南市场的销量开始有了上扬。尤其是2000年至2003年，国际金价在一路下行探底后开始上涨，不仅点燃了河南珠宝商的热情，也点燃了河南人消费黄金的热情。

“2003年的河南珠宝市场，放眼望去，金灿灿一片，从豫北走到豫南，从豫东走到豫西，城市也好，县城也罢，数量众多、显眼程度最高的就是连名称也极为接近的某某金店。”回忆起当时的市场情况，河南省金银珠宝饰品质量监督检验站前站长赵海平这样描述。这一时期，在供需双方的热情捧场之下，整个河南的珠宝市场，用黄金一统江湖来形容毫不过分。

在河南珠宝市场，黄金曾一统江湖

与河南珠宝市场“黄金一统江湖”的情况截然不同的是广阔的海外珠宝市场。

1996年，郑州安得工艺品公司在美国成立了分公司，以各类彩色宝石中间商的身份活跃在美国珠宝市场。回忆起20世纪90年代末国内外珠宝市场的差异，郑州安得工艺品公司董事长陈其周感叹道：“国内国外的市场真的是大有不同。20世纪80年代末，我走出国门看了之后发现，原来世界上的珠宝种类、色彩是那样丰富。在美国市场上，原来黄金并不是大家追捧的主流，反而是黄金纯度并不高的各种K金与彩色宝石更有市场。相较于珠宝的保值，美国的消费者更看重珠宝首饰的艺术价值。除国内外珠宝消费理念的不同外，让我感触更深的是，在宝石展上，经常能够看到老师带着 10 岁左右的孩子们到处逛，他们还会拿着装鸡蛋的篮子，挑选价值只有几美元的宝石标本。也是从那个时候，我发现原来珠宝生意还可以这样做。”

▶ 听着二七塔钟声快速成长

2001 年 11 月，黄金一统江湖的时代出现了新的分水岭。在这道分水岭之前，黄金一统的是零售的江湖，在此之后，黄金一统的则是批发加零售的江湖。而这与一项政策有着密不可分的关联。2001 年 11 月 1 日，我国黄金饰品零售管理改革办法正式实行，取消黄金制品零售业务许可证管理制度，实行核准制。

相较于黄金制品零售业务许可证管理制度，新的核准制对于拥有发展欲望的珠宝商而言，利好不止一重。首先，新的核准制允许开办黄金制品零售连锁店，允许黄金制品零售企业设立分支机构经营黄金制品零售业务。其次，新的核准制放开外商投资企业经营黄金制品零售业务。这样两重利好，对于河南珠宝商而言，不仅意味着开办黄金制品零售连锁店拥有了可能性，还意味着可以引入境外品牌的黄金制品。

这一消息的放出，为河南珠宝企业的发展增添了强有力的羽翼。

以天成珠宝为例，1993 年至 2000 年，天成珠宝先后开了五六家店，但是受限于不能开连锁金店，其中相当一部分挂的并非天成珠宝的牌匾。只有 1993 年开在郑州市正兴街的金店挂的是老天成金店的牌匾，1994 年、1995 年开设的金店分别挂的是大富珠宝金行、鑫源金珠宝金行。毫无疑问，这种悬挂不同商号的形式不利于珠宝企业形成品牌效应。而核准制的事实，打破了这样的藩篱，让类似天成珠宝这样的企业拥有了进行快速连锁发展，走向规模化的可能。

就这样，2001 年至 2003 年，一个又一个河南珠宝商的财富梦想在大环境中发酵、落地，而他们集体无意识的行动除了开直营连锁店，还有增加批发业务。

“可以开连锁金店，还可以引入境外品牌，面对这样的政策，发展是每个珠宝商这一时期最好的选择，我也不例外。从 2001 年年底到

2002 年，除了新郑、郑州的金店，我们公司相继在漯河及临颍、平顶山、许昌等地开设了香港金美福直营店。那个时候，就一个感觉，店开得真快。”金美福珠宝的陈美峰忆起当年，直感叹“那真是一个梦幻的时期”。

事实上，除了快速开设直营店，同时期陈美峰的公司在批发业务方面扩张得也很迅速。2002 年、2003 年两年，凭借批发业务，其旗下的金翠福公司在郑州南下街的珠宝批发店很快成为整条街上批发量最大的一家。金翠福公司业务的繁荣由两点可充分证明：一是代理的品牌不断增加，周大生、香港亚一、金大福、香港嘉华、梦金园、千禧之星、金龙等品牌均被揽至麾下；二是下游客户的数量日益增加，巅峰时期，仅省内就有 2000 家金店与金翠福公司有着业务往来，更分销着周大生全省近十分之一的销量。

同一时期，与陈美峰有着同样“梦幻般”感受的不止一家珠宝商。当时紧邻二七塔的南下街密密麻麻扎堆着多家珠宝批发商，大家的批发业务主要集中在黄金这一品类，且都是一派繁荣的景象。

在这样的大环境下，就连 2001 年年底才投身珠宝批发的一心珠宝也很快尝到了甜头。2002 年年初，四个一心珠宝的股东凑了 200 万元本金，在毗邻珠宝批发一条街——南下街附近的河南省书画院 8 楼租了三间房子做珠宝批发。

创业之初，一心珠宝仅有的三间房子各有用途，一间被用作行政办公，一间被用作批发展厅，还有一间是集体宿舍。现在来看，一心珠宝的起点并不高，即便如此，仍是借着行业发展的东风，迅速淘到了第一桶金。到 2006 年，一心珠宝原有的办公场地已无法支撑一心珠宝的业务量，因此搬往公司经营面积翻了不止一番的福华大厦办公。此时的一心珠宝早已不是初入行时的规模，代理的品牌也渐渐多了起来，如周六福、中金一品、百泰、老庙等。

2001 年，华昌珠宝的门店与专柜不断增多。一方面，张国汉在郑州西大街开设门店的同时，在山东菏泽、广西柳州以及省内的平顶山、新郑、新乡等地开设分店。另一方面，林玉瑞抓住北京华联入驻郑州的机会，在其中开设专柜。

同一时期，金鑫珠宝也开始踏出古都洛阳，向省内其他城市伸出发展的触角。2001 年 12 月，金鑫珠宝第一家连锁店“洛百金鑫珠宝城”

开业，这是这个企业迈向连锁企业的第一步；2002 年 9 月，金鑫珠宝走出了洛阳，9 月 15 日，“平顶山中原二百（第二百货）金鑫珠宝城”隆重开业；2002 年 10 月，仅一月之隔，金鑫珠宝第四家连锁店“许昌鸿宝金鑫珠宝城”隆重开业；2002 年 12 月，金鑫珠宝进军省会郑州，金博大金鑫珠宝城开业，金鑫珠宝抢占中原省会市场，这件事预示着绿城珠宝界新一轮交锋的开始，2003 年 4 月，金鑫珠宝第五家连锁分店“信阳亚兴珠宝城”开业；2003 年 12 月，营业面积达 4000 平方米的郑州友谊金鑫国际珠宝城开业。2001 年 12 月至 2003 年 12 月，在短短两年的时间内，金鑫珠宝就开设了 6 家分店，快速覆盖洛阳、平顶山、许昌、郑州、信阳五地。

还是这一时期，天成珠宝在快速发展的同时开始修炼“内功”，其营销团队尝试着集中优势资源，做强天成珠宝品牌。经过一轮整合，天成珠宝奠定了其在省会郑州的重要地位。截至 2003 年，经过重新扩容、装修，天成珠宝二七商圈内的金楼、银楼与碧沙岗商圈的天成珠宝城三个点支撑起了其在业界日渐稳固的地位。

谈到这一时期珠宝业的发展，黄旭文曾用了这样一句话来形容：“从某种意义上说，河南的第一代珠宝商都是伴着二七塔的钟声成长起来的。”她的这一说法并不夸张。一方面，围绕着黄金制品的批发业务，众多珠宝商就扎堆在距离二七塔不足 1 千米的南下街上；另一方面，在直营店扩张的道路上，无论是金鑫珠宝还是天成珠宝，抑或是其他品牌的珠宝店，都将二七商圈作为首站。与此同时，郑州第二次商战进入酣战状态。这一时期，金博大城、丹尼斯百货启用了联营制；正道花园商厦改制成功；隶属于上海百联集团的河南世纪联华超市有限公司成立；北京华联重新启动“商业航母”亚细亚五彩购物广场项目。如是等等，为河南珠宝商的发展提供了更加丰富的选择平台。

▶ 繁荣背后的利润危机

“人无远虑必有近忧”，这句话用来形容 2001 年至 2003 年快速繁荣的河南珠宝市场再妥帖不过了。在黄金一统江湖的这个时期，市场一片繁荣的背后，一场利润危机正在河南珠宝业内悄然蔓延。

在开放的政策与国际金价上扬的刺激下，越来越多的河南珠宝商开始介入黄金批发业务。大家所走的路径大致相同，那就是作为中间商，跟深圳的黄金加工厂联系，将款式时尚度远远优于省内的黄金首饰批发回来，一克加上几毛钱，批发给省内各地的金店。

既然是批发，无论是作为中间商的河南珠宝批发商还是作为下游零售的各地金店，大家最看重的不外乎两大因素：一是款式，二是价格。这样的大背景下，批发环节与零售环节中黄金首饰的价格差更多地体现在黄金首饰的工费上，而非品牌附加值上。

“2003 年的时候，南下街的那些（黄金首饰）批发商有的做强了，有的消失了。为什么有的批发商会消失？这一点儿也不难理解，利润低业务量又小呗。以我为例吧，当时进货并不会锁定某一家，原因有两点：一是做黄金首饰批发的这些珠宝商旗下代理的品牌是有重叠的；二是顾客购买黄金首饰的时候更多的是看成色与价格，至于品牌在零售环节倒并不是其最看重的。那么对于我来说，肯定是谁家的货便宜我到谁家批发。我想，大家应该都是这种心态吧。”一位在郑州郊县开金店的珠宝商与记者聊天时曾这样说。

在如此的市场氛围下，可以想见，关于黄金首饰价格的厮杀绝不会仅仅出现在批发环节，零售环节也同样。

2003 年岁末至 2004 年年中，以黄金首饰为主的促销大战硝烟始终弥漫在二七商圈内的珠宝零售市场上空。这样一场促销大战，众商家除了拼价格，更拼广告、拼服务。当时的珠宝促销力度之大，至今仍留给不少郑州市民以深刻的印象。

“2003 年的圣诞节，刚刚参加工作的我本来只是想陪着女朋友到二七广场逛一逛，经过德化街北口金鑫珠宝刚开业的友谊店时，却意外地发现里面不仅陈列有琳琅满目的黄金首饰和其他首饰，还在做‘不要钱’一样的活动，金价优惠、工费优惠都不算什么，关键是送各种礼品，看得人心动。最后，我还是顶不住诱惑给女朋友买了条细细的黄金项链。交款的时候，我都傻眼了，收款台排了好多人。因为买了黄金项链，我女朋友在逛街的时候留心看了一下，二七广场附近的天成珠宝金楼、银楼以及附近几家商场里的珠宝专柜，家家都‘跟疯了一样’在做活动。要知道，那可是商业繁荣程度远比不上今天的 12 年前啊。”这是落户郑州的刘先生当时的记忆，彼时，他恰好大学毕业来到郑州，赶上了这场堪称火辣的促销大战。

在资深传媒人士张祺的眼中，促销大战也是广告人的好时期，金鑫珠宝、天成珠宝两大巨头领衔的广告大战同样激烈，各路珠宝商在这个阶段的广告投放都出手阔绰。曾有消息人士称：在这场广告大战启动前期，金鑫珠宝甚至做过投入 800 万元广告费的预算。

面对这一轮愈演愈烈的黄金首饰促销战，河南省金银珠宝饰品质量监督检验站拿出了一个举措，那就是为各个珠宝批发商送检的首饰免费挂标签。新挂的标签上，不仅体现有首饰的克重、纯度与工费，还体现有生产企业的名称。“那个时候，站里的工作人员每天都忙得很，几乎是双手不停地检验黄金首饰、挂标签。”时任河南省金银珠宝饰品质量监督检验站副站长的慕强回忆起那个时期颇为感慨。免费为送检的珠宝首饰挂标签这一做法，让河南省金银珠宝饰品质量监督检验站走在了国内其他金银珠宝饰品质量监督检验站的前列，也为河南珠宝商开启了一个新的窗口：除了促销这条路，行业内竞争还可以走差异化的路子。因为印有生产企业品牌的标签让黄金首饰更多地被打上了珠宝批发商的品牌烙印，在其价格之外附加了品牌价值。

第三章

白色浪潮
与创富神话

相较于黄金这一品类在河南珠宝市场的迅猛发展，2003 年之前，钻石这一品类在河南珠宝市场的发展颇有点“墙内开花墙外香”的意味。

即便是如今闻名全国的金伯利钻石，1995 年在河南开设首家专营店后，也并未能迅速带热钻石这一品类在河南珠宝市场的发展。相对于市场因素，2003 年之前，钻石首饰未能在市场上快速升温主要是受政策因素的影响。尽管 2000 年 10 月开始，上海钻石交易所的成立意味着企业可以通过钻石交易所采购钻石，但是此时钻石的最佳搭档——铂金并未挂牌交易。铂金正式在上海黄金交易所挂牌交易已是 2003 年 8 月。也是从这一节点起，钻石饰品的原料与制品才拥有了彻底进入市场经济轨道的坦途。

事实上，政策因素尽管影响着钻石这一品类在河南市场的发展，却并不影响越来越多的珠宝商对钻石首饰巨大市场“钱”景的看好，尤其是正式进入市场经济轨道的钻石饰品。毕竟与黄金相比，钻石首饰的市场几乎完全空白，利润也更可观，其在市场上“火”起来欠缺的只是一个契机而已。

从人们的消费理念来讲，2001 年，中国加入世界贸易组织后，“西风东渐”之下，越来越多的年轻人开始认可钻石首饰。也正是在综合因素的推动下，钻石首饰开始在市场上走俏，整个河南市场掀起钻石牵手铂金、钯金席卷而来的白色浪潮。钻石、铂金、钯金的相继璀璨登场，将河南珠宝市场的发展从单一品类向多元化品类推进。

▶ 钻石、铂金璀璨登场

对于欧美市场而言，钻石作为首饰存在已有上百年甚至上千年的历史。然而，对于河南人而言，钻石真正作为首饰被最普通的消费者认可，却是在 2002 年之后。

1995 年起，以金伯利钻石、金九福为首的一批河南珠宝商，陆续开始尝试着经营钻石首饰。他们并没有将自己的舞台局限在河南，而是走出河南这片故土，远赴深圳、广州等地，并将舞台推广至全国。

当时，敢于经营钻石这一品类，无异于“首吃螃蟹”。一方面是因为 2000 年之前国内尚未有钻石交易所，经营钻石首饰是要冒政策风险的；另一方面，本土消费者对钻石这一品类并未养成消费习惯，究竟国人是否会对其认可、喜爱，很难预测。所以 2000 年之前河南鲜有几家珠宝商经营钻石首饰。谈到那个时候，黄旭文感叹说，当时，尽管很多河南的珠宝商对钻石这一品类有了大概的了解，却始终因为看不明白市场与政策的走向而没敢进入这一细分市场。那个时候，谁走在了前列，谁就淘到了钻石首饰的第一桶金。

这种情况在 2000 年 10 月发生了改变。伴随着上海钻石交易所成立，政策明朗化，越来越多的河南珠宝商开始涉足钻石首饰的经营。2001 年，凤凰珠宝相中钻石首饰这块蛋糕，并将钻石镶嵌类首饰作为主打品类；2002 年，天成珠宝推出系列化的钻石首饰，如“月光”“煽动”“惹火”“绝色”等系列，将单颗美钻的价值与美的概念传递给市民。

相对于河南珠宝商跟进钻石首饰这一品类的效率，河南的消费者认可钻石首饰的确花费了一些时间。如果说河南珠宝商没有扎堆经营钻石这一首饰品类，是由于看不清市场与政策的走向，那么河南的消费者之所以在 2002 年之前对钻石首饰并不买账，则与传统认知有关。

2001 年 12 月，中国加入世界贸易组织，国内的消费理念与国际接轨的步伐加快。以婚嫁为代表，2002 年以前的新娘子结婚，拥有红嫁衣与“三金”（金戒指、金耳环、金项链）的组合，才是最令人羡慕与称赞的；2002 年之后，越来越多的年轻人受西方文化的影响，开始尝试更具小资情调的西式婚礼，用雪白的婚纱加钻戒的组合取代了红嫁衣与“三金”的组合，钻石首饰才开始真正在国内流行。河南的消费习惯也是如此。也正是伴随着 2002 年之后的“西风东渐”，金伯利钻石提出的“钻石恒久远，一颗永流传”这一广告语才开始被更多新人广泛认可。

伴随着钻石首饰的走热，无论是硬度还是色泽，都比黄金更适合镶嵌钻石的白色 18K 金与钻石一道亮相市场。就在白色 18K 金与钻石成为最常见的镶嵌搭档后没多久，珠宝商与消费者发现，具有 75% 左右黄金含量的白色 18K 金，硬度虽达标，但韧度不够，而且佩戴时间长了色泽会发黄，不再漂亮。

会变色的白色 18K 金还在市民生活圈里传出过不少段子。据说 2004 年的时候，一个洛阳姑娘初次到男朋友家认门，男方家长很是大方地送了姑娘一枚白色 18K 金的钻戒。姑娘戴着戒指参加闺蜜的饭局时，吃着火锅秀着戒指，秀着秀着，戒托颜色渐渐变黄，结果，在闺蜜面前显摆不成反丢脸。回到家后，姑娘就跟男朋友吵了一架，非说戒指是假的。

经人口耳相传的段子或许夸张了些，却反映了一点：在当时的技术水平下，白色 18K 金物理属性不够稳定这一点，令其很难成为钻石的最佳拍档。此时，物理属性更加稳定且同样适合镶嵌的铂金，被珠宝商选作钻石的新搭档，铂金钻戒也成为婚嫁首选。事实上，推动钻石与铂金搭档，还有着一个隐藏的原因，那就是 2003 年铂金每克的价格高出黄金数 10 元。这就意味着用铂金代替白色 18K 金可以为珠宝首饰拉升单价。而铂金国际储量的稀少，也为“因稀少而珍贵”的市场营销策略加了分。

这一时期，还有一个案例至今仍为业内人士津津乐道，那就是某知名钻石品牌此时推出的“黄金免费换钻石”的营销大戏。这一营销大戏不仅成功为该企业从民间募集到大量更容易变现的黄金，为企业未来的发展储备了资金，更是成功将钻石比黄金更珍贵的理念植入消费者的心间。

此后，钻石渐渐成为原本只做黄金首饰的河南珠宝商的另一重要品类。

同时期相当一部分河南珠宝商走着相似的一条路，以一恒贞珠宝的发展经历为代表：第一个阶段是 2003 年之前，主营业务就是黄金首饰的批发；第二个阶段是 2003 年之后，由单纯的黄金批发商向品牌商过渡，增加了钻石品类，并开始打造品牌形象，启动连锁店网战略。

▶ 昙花一现的钯金热销

在众多河南珠宝商的有意推动下，原本国际储量就少于黄金的铂金价值倍增。在这样的市场背景下，铂金价格的高涨成为双刃剑：一方面诱惑着消费者积极投身到铂金消费中来；另一方面，伴随着业内竞争的加剧，铂金的利润空间越来越小。

钯金曾与铂金一起在河南市场无出其右

于是，业内有人将目光投向物理属性与铂金接近、同属铂族元素的钯金上，将钯金作为铂金的替代品，镶嵌钻石，与其进行搭配。进一步分析，可以说，是铂金与钯金的国际金价落差，调动着一些珠宝商更为积极地用钯金代替铂金投入市场。要知道，2003 年，铂金的价格徘徊在每克 200 元左右，而钯金的价格每克仅为数十元；2004 年，铂金的价格每克已突破 200 元逼近 300 元，钯金每克的价格尚不足百元。几个因素的综合影响下，钯金在市场上也着实疯狂了一把。当时的河南珠宝市场上，钯金的价格落差很大。

家住濮阳市的孙阿姨就曾遇到过这样的困惑：2004 年中秋前后，她无意中发现，自己家附近相距不远的两家金店，一家金店的钯金卖 80 元 / 克，另一家则卖 230 元 / 克。钯金卖 80 元 / 克的那家金店的导购“提醒”她说，阿姨别上当了，我们家卖的是良心价，不像有的金店价格随便喊；而钯金卖 230 元 / 克的那家金店的老板娘亲自上阵给她普及“便宜没好货”的理由。最终的结果是，孙阿姨觉得市场上钯金的价格太疯狂了，自己一个退休的老太太，没什么分辨能力，为避免上当，干脆哪家的都不买。

孙阿姨遇到的事情只是当时疯狂的市场状况的一个缩影。除市场上不同金店销售钯金的价格落差很大之外，由于当时黄金的价格与钯金的价格落差并不太大，“黄金免工费兑钯金”这样的奇葩事也在当时的背景下诞生。将当时的黄金与钯金的国际交易价格进行比对后，不难发现，黄金的国际交易价格比同时期钯金的国际交易价要高。“黄金免工费兑钯金”这样透着奇异的段子，也只可能出现在当时的背景下。

除价格不透明外，对于当时的消费者来说，铂金也好，钯金也罢，在商家有意识或无意识的引导下，傻傻分不清的不止一两位，市场上更多被消费者提及的只有白金这一概念。白色的钻石与白色的铂金、钯金在这一时期无出其右，在市场上掀动了风景独特的“白色热潮”。

钯金这样疯狂的市场热度在2005年渐渐退去。这一年，在郑州市场，钯金饰品的价格开始出现剧烈震荡的格局，在多家珠宝企业的竞争中，价格渐渐进入透明的区间。当年 7 月，天成珠宝各店就打出了钯金首饰每克 99 元的全市最低价位，而这大概是当时市场价 168 元的一半多，此举将钯金的市场底线直接击穿。

▶ 品牌意识的懵懂苏醒

伴随着钻石、铂金等品类热销，2003 年之后，越来越多的珠宝商在市场竞争中迫切而模糊地感知到塑造品牌的重要性。

早期黄金一统江湖的时候，各地林立的金店品牌概念极弱。不仅零售的终端如此，作为批发环节的中间商也是如此。各家的批发价，更多地是由加工费的不同来区分的。随着时间的推移，越来越多的中间商发现，想要更持久地锁定下游零售商，光靠加工费的不同来强化自己企业的价值是远远不够的。

尤其是在引入钻石镶嵌这一品类后，他们更加直观地感受到，卖黄金与卖钻石是完全不同的两个概念。如果说卖黄金可以靠加工费区别不同企业间的差异，那么卖钻石则更多地需要塑造品牌背景、唤醒消费者的情感共鸣。怎么办？越来越多的河南珠宝商所见略同：他们尝试着用不同的“品牌名称”来为企业价值做注解。当时在这些珠宝商的眼中，“品牌名称”就等于“品牌”。

正因如此，当时抢注商标成为热潮，许多如今耳熟能详的珠宝品牌都是当时抢注的。在抢注商标最火热的时期，单是从一个尉氏县走出的珠宝商就注册了宝利来、金安、金伯利、金克拉、百冠新娘等五个品牌。

伴随着抢注商标的热潮，河南的珠宝品牌也开始尝试着用代言人来传递品牌价值、提升知名度。比如：金克拉邀请了湖南卫视当年的当家花旦李湘为品牌代言；2004 年，金鑫珠宝邀请了任静、付笛生夫妇为其品牌代言……

拥有品牌，通过品牌强化企业独特价值、增加盈利，这一对品牌的粗浅认知被当时的珠宝商普遍认可。

▶ 深挖服务背后的品牌价值

河南珠宝商不仅尝试着抢注商标、请代言人等来提升品牌价值，更通过周到、细致、深入的服务来取悦消费者。这一时期，业内几家珠宝商进行了大胆尝试，其服务的标准与深度远远超出当时的《中华人民共和国消费者权益保护法》的要求，即便放在今天来看，也堪称前卫。

比如，2003 年凤凰珠宝继金伯利之后，面向全国提出的钻石首饰的“六保”服务就是如此。所谓“六保”，指的是保真、保质、保价、保换、保修、保洗。前面两条服务应该很容易理解，毕竟钻石首饰作为贵重商品，做到“每款首饰均配有国家权威鉴定机构出具的鉴定证书”

“钻石品质级别及贵金属含量均达到国家标准”这两条保真、保质服务也是应当应分。而保修、保洗服务，零售业内虽不常见，但并非不存在，比如有些奢侈品也会阶段性提供此类服务。特别值得一提的是，保价、保换这两条服务内容，远远超出零售业服务标准。无论是顾客购买的钻饰只要完好无损，票据、证书齐全，均可在国内任一家连锁专卖店终身调换、不收折旧费、不限次数的保换服务，还是依靠保换服务，确保消费者所购钻石不会贬值的保价服务，都足够大胆。

同一时期，市场上还有更为大胆的钻石首饰的服务。2003 年，天成珠宝推出钻石银行概念，提出“钻饰终身受理制”的服务标准：顾客在天成珠宝购买的钻石首饰终身可以免费调换新款，而且钻饰终身包退，可以随时到天成珠宝任意一家连锁店兑换成现金。

第四章

跑马圈地的狂热

伴随着品牌意识的不断苏醒，在市场拓展中实力快速增强的河南珠宝商，对于全新市场的渴望也到达了新的巅峰。

从 2005 年起，越来越多的河南珠宝商开始尝试着在河南的三级市场跑马圈地，甚至走出河南，开疆辟土；也有越来越多的省外珠宝品牌看中河南市场，借力河南珠宝商之手抢占河南市场。这一轮的市场角逐中，跑马圈地成为珠宝商最为一致的步调。

▶ 跑马圈地的得意之作

形成品牌为的是什么？抢占更多市场。这是业内一位参与了这一轮跑马圈地的珠宝商所分享的最直接的心得。也确实如他所言：2005 年、2006 年，河南珠宝商进入“跑马圈地”运动时期。为抢占市场，省内各路珠宝商使出浑身解数，企业老总带着员工深入河南的二线、三线城市，甚至是县城，主推珠宝品牌的“加盟”业务。也是在这一轮珠宝品牌的“跑马圈地”运动中，“加盟”这一概念被输入河南的二、三线城市。

“那个时候，大家都挺拼的。有时候，各地加盟的客户要货要得急的话，公司甚至会安排高管带着价值几十万的货开车直接给客户送过去。”亲历了这一时期的一位珠宝职业经理人这样描述道。

在这一轮的跑马圈地动作中，金利来、甄万福等一个又一个河南本土品牌，更多地将跑马圈地的目标深入到河南的三级市场。事实证明，他们的这一策略是成功的。

“那个时候，品牌想跑马圈地，三级市场也确实有人捧场。曾有河南的珠宝商放言，啥时候下去跑市场，啥时候都有等着加盟的客户排队交钱。”曾任河南省金银珠宝饰品质量监督检验站副站长的赵海平经历过那个疯狂时期，他感叹说，那时候的河南三级市场也确实如珠宝品牌商所言那般火爆。

那个时代火爆的又岂止河南的三级市场和数量颇多的县城市场，全国广阔的市场行情同样被看好。在“加盟”这条路上一路快跑的当数金九福珠宝、英特纳珠宝等品牌，其策略是依托河南市场向周边的山东、湖南、河北、山西扩张。截至 2006 年下半年，金九福珠宝在河南已有 80 多家店，在全国的店铺数量则突破 200 家。

细细探究不难发现，“加盟”市场的火爆与 2005 年、2006 年两年黄金、铂金价格平稳上扬有着密不可分的关系。尤其是黄金价格的上涨，给予了二、三级市场乃至县城市场的珠宝加盟商充足的底气与信心。

现在回头去看，这一轮走出去式的跑马圈地，河南珠宝商乐在其中，也深受其害。尤其是本土的部分珠宝品牌，在乐此不疲地启动全国加盟的进程中，忽视了河南本土市场的精耕细作，直接影响到为后期发展的蓄力，不能不令人为之惋惜。

▶ 外来品牌的中原逐鹿

同一阶段，也是珠宝商积极将外来珠宝品牌引入河南的高峰期。

在此之前，1998 年至 2000 年已有多个外来珠宝品牌落户河南，这些品牌分别是谢瑞麟、周大生、戴梦得等。它们落户河南采取的方式是

这一区域在省内乃至周边省份都有了极为强大的辐射力，这一街口被业内称为十字金街。以落户有十几家珠宝品牌中心的裕鸿花园为例，每天都吸引着两三百个珠宝零售商进进出出，吞吐着数量庞大的珠宝交易。

然而，业界的一派繁荣之下，涌动的是前所未有的激烈竞争的暗流。不断压缩的市场空间与利润空间频频让河南的珠宝商感叹，这一时期也是河南珠宝业最差的时代。

2005 年至 2006 年，河南省第三轮商战激战正酣。面对河南商业领域日益激烈的竞争，市场的供求比例正在悄然发生变化，这样的市场变化也发生在珠宝行业。越来越多的珠宝商发现，河南珠宝市场的水比原来“浑”多了，市场的混乱也正在加剧。

越来越多的品牌进入激烈的价格战，即便市场空间与利润空间不断压缩，一些珠宝商也依然硬扛着。在这样的市场背景下，卖方内部进行着正能量与负能量的较量，最极端的时候，钻石首饰竟打 3 折进行促销。

市场供求比例的变化与商家疯狂的促销刺激，反而将消费者越推越远。最突出的表现就是，越来越多的消费者不再像几年前那样信任珠宝商，这种质疑不仅针对其促销的折扣是否已到底，还针对其品质。这一时期，普通消费者送至河南省金银珠宝饰品质量监督检验站检测的珠宝首饰数量快速增长。

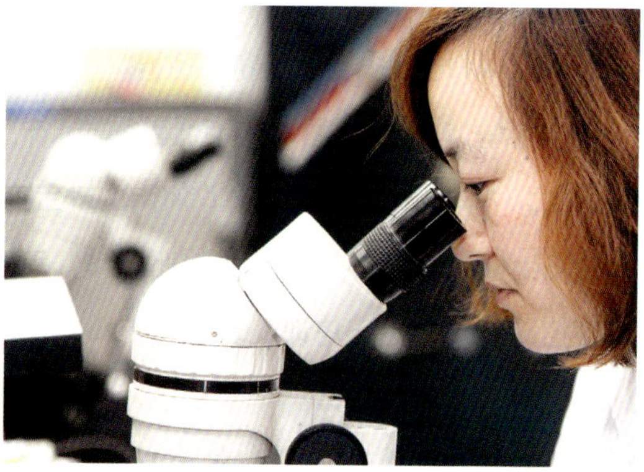

在良莠不齐的市场背景下，河南省金银珠宝饰品质量监督检验站一直承担着自己的行业责任

与此同时，越来越多的珠宝企业开始尝试换种方式来打动消费者，比如以营销代替促销。这种思路的变化，以身处二七商圈的天成珠宝最具代表性。

2006 年 9 月 23 日，天成珠宝在其金楼启动了首届中原钻石翡翠节，以前所未有的品牌阵容及全方位的服务措施，为郑州市民献上一场璀璨的珠宝盛宴。在天成珠宝打造的“节日”里，1 克拉以上的钻石、价值 10 万元的翡翠项圈、价值 42 万元的翡翠手镯等高品质的珠宝纷纷亮相。

第六章

石头里的新商机

站在2008年的门槛上，经历了快速扩容、激烈竞争的河南珠宝业，比任何时候都需要新的市场热点。这一年的珠宝市场也确实没有令河南珠宝商失望——新的转机与市场热点在北京奥运会举办后出现。

▶ 千载难逢的玉石良机

2008年北京奥运会举办后，用和田玉制作的奖牌，将中国的玉石文化推向了世界的舞台。2008年北京奥运会不仅为国人带来了骄傲，也让中国传统文化拥有了向世界传播的大好契机。伴随着北京奥运会进入人们视野的金镶玉奥运奖牌，让世界瞩目的同时，也给国内的玉石市场带来了千载难逢的好时机。

越来越多嗅觉灵敏的河南珠宝商开始品出味儿来：黄金也好，钻石也罢，在黄金交易所、钻石交易所就有完全公开、透明的报价，玉石这玩意儿，没有专门的交易所，价格深藏在市场之下，不仅消费者不容易琢磨，就连业内人士也不敢说自己就能把握玉石的市场价格。而且，与黄金、钻石不同，玉石更容易附加文化内涵，既可以作为首饰售卖，又兼具收藏品价值，还是值得搞一搞的。

这个时期，河南南阳来的珠宝商，老乡带老乡，在郑州市纬三路、纬一路做起玉石零售的生意，一般一家店就是一个品牌。

从陌生到熟悉再到收藏，河南百姓越来越了解翡翠

除这些以老乡带老乡的形式经营的单体玉石零售店外，同一时期，河南本土珠宝商也开始琢磨着“炮制”玉石品牌，并在市场上进行连锁推广。一心珠宝创始人陈宝国开始力推自己打造的玉石品牌——“奇缘美玉”；宝利来创始人陈秀成打造的“宝通真玉”也开始进入市场；河南省工艺品公司出品的“真玉工坊”也在懂珠宝的周洪军手中被注入更多的市场价值；起步晚于以上几家的庆隆珠宝也单独注册了一个品牌——“庆隆翠玉”，并将其推向市场。

有了品牌，进一步就是快速下沉市场。在这方面，奇缘美玉、宝石通鉴、翡翠鸟、大唐通宝等四家玉石品牌在这一时期走在了其他品牌的前面。

从当时的玉石销售来看，珠宝商热衷于玉石生意并非闭门造车。时至今日，陈宝国还清晰地记得，那个时候只要展厅里一来了翡翠的新货，得到消息的批发商、加盟商就会哄抢一空。

“那个时候，批发商、加盟商抢货可是真抢。他们甚至会提前跟负责自己店面的客户经理打好招呼，‘先给留多少钱的，有了货就拿，款式不限’。”谈起当时展厅里的翡翠热潮，陈宝国至今仍会感叹。而这样狂热的抢购景象不只出现在一家珠宝批发运营商处。

▶ 玉雕工艺的集体拯救

以翡翠为主的玉石销售，为何能在如此短的时间内快速地在市场上引发连锁反应？原因要追溯至国人的传统文化与消费习惯。自古以来，中国就有玉石消费的习俗，玉石文化在中国源远流长，这为此时期的玉石销售打下了良好的消费基础。加上与其他省份不同，这一轮推动玉石消费成为河南珠宝市场新热点的，不仅有活跃在市场上的众多河南珠宝商，还有河南省金银珠宝饰品质量监督检验站与河南省宝玉石协会两大机构。

这一时期，河南省金银珠宝饰品质量监督检验站不仅为珠宝商提供玉石的鉴定等专业知识的护航，甚至派工作人员陪着河南珠宝商前往深圳、云南进货。而且，河南省金银珠宝饰品质量监督检验站的负责人还担当着河南珠宝学校的外聘教师这一角色，为玉石这一品类提供更多知识的支撑。

“那个时期，站里跟珠宝商的关系空前密切。这些玩玉石的珠宝商也常常会深入地跟站里的工作人员进行交流，思想碰撞的内容既广泛又深入：从各种材质玉石的鉴定到玉石文化的探讨，再到玉石品牌的包装。有的玉石品牌商标都是在思想碰撞中获得灵感的。也是在这个阶段里，站里的工作人员不仅是鉴定专家，更成为市场专家，因为经常跟着珠宝商到深圳、云南进货，金银珠宝饰品质量监督检验站的工作人员对翡翠等宝石的市场价格波动远远敏感于其他省份。”赵海平回忆说，“那个时候，常常会有外省质量监督检验站的朋友给站里打来电话，询问翡翠的市场行情。”

与河南省金银珠宝饰品质量监督检验站同样和行业关系密切的还有河南省宝玉石协会。与河南省金银珠宝饰品质量监督检验站在玉石销售的采购、销售与培训方面进行知识支持不同，河南省宝玉石协会更多地致力于设计雕刻这一生产环节以此推动玉石市场的发展。

事实上，2008 年之前，河南珠宝商多以批发商、代理商乃至加工商的身份，活跃在珠宝行业的舞台上，这种活跃不仅体现在河南，还体现在云南、深圳、北京等地更为广阔的舞台上。甚至有人调侃说，到深圳逛一圈，会发现搞玉石批发的一大半都是南阳人。

曾先后担任过河南省金银珠宝饰品质量监督检验站站长、河南省宝玉石协会副会长的慕强曾感叹说："河南的珠宝业发展，一直是墙内开花墙外香。放眼看一看的话，不仅会发现广州、昆明等几大珠宝市场里，河南人占到了一半以上，还会发现全国市场 60%~70% 的白玉交易是在南阳完成的。然而，遗憾的是，在国内的玉石雕刻方面，人们一提到扬州工、揭阳工，就觉得是精品，一提到南阳工，就觉得是便宜的、粗糙的。"

河南珠宝业设计与玉石雕刻精巧不足，也确实是这一时期所有河南珠宝界人士无法回避的一个话题。之所以出现这样的情况，有着历史的原因：河南好的雕刻大师一度外流到扬州、揭阳等地的非常多。毕竟就当时的河南市场情况而言，黄金消费是主流中的主流，而且河南消费者很看重黄金饰品的纯度，如果仅仅靠这样的河南市场，很难养活如此多的玉石雕刻大师。

为了扭转当时河南的玉石雕刻工艺在业内的形象，2009 年，在河南省宝玉石协会的极力推动下，第一届河南省玉石雕刻技能大赛成功举办。通过这样的大赛，河南的优秀玉石雕刻师开始受到越来越多的关注，河南工艺也渐渐在全国范围内叫响业内甚至将河南工艺与珠宝业素有名望的京派、海派工艺相提并论。除了叫响河南工艺在玉雕业的名号，这个大赛还在河南宝玉石协会有意识的引导下，将南阳独玉等颇具河南本土特色的玉石种类推至公众面前，提升其价值。如今，这一大赛每隔两年举办一次，已经成为业界大事。

▶ 翡翠上演"疯狂的石头"

在玉石消费逐渐走热的过程中，玉石消费的品类从翡翠这一单一品类丰富为翡翠、独玉、和田玉等多品类。但是不得不承认的是，翡翠在

翡翠曾在中原大地上演“疯狂的石头”这一剧集

玉石消费中始终保持着最高的热度，有着最广泛的受众。

2008 年以来，伴随着翡翠消费热度的不断攀升，除了郑州市纬一路上的“翡翠一条街”与各大百货商场入驻的玉石品牌专柜，河南本土也出现了不少专业的翡翠卖场。这些专业的翡翠卖场，单以体量而论，放在国内市场也是颇有看点的。

2008 年 9 月，主打镶嵌类翡翠的龙泽润宝落户郑州。在其宣传中可以发现，经营典藏级翡翠是其对自我的定位。

2009 年 5 月 28 日，营业面积达 8000 平方米、将翡翠作为主营业务的锦泓国际珠宝交易中心这一“珠宝航母”掀开了神秘的面纱。

2012 年 8 月，圣博大珠宝在素有财富大道之称的郑州市经三路上开设了面积在 1200 平方米以上的旗舰店，汇聚了翡翠、和田玉、独玉等品类的玉石精品。

体量如此庞大、营销造势如此强劲的玉石专业卖场的相继亮相，在聚焦更多社会关注的同时，也带给消费者更多不同的消费模式。这其中备受瞩目的当数翡翠回购业务。此业务通常的操作方法是：顾客购买某件翡翠制品后，根据时间的长短，商家承诺以原购买价增值一定比例的价格对顾客手中的翡翠进行回购。

这一业务推出后，极受消费者欢迎。事实上，珠宝商敢推出这样的回购业务，是基于翡翠价格疯狂上涨的市场背景。要知道自 2008 年以来，翠钻宫与金鑫珠宝正弘店同样功不可没。

仅比中原珠宝城晚亮相不足一个月的河南首家高端翡翠会所金鑫翠钻宫，于2011年12月15日正式开门迎宾。而其开业之初，货品投资就达10亿元之多。翠钻宫带给业界的震撼余波未平，2012年4月，建筑面积达8000平方米的金鑫珠宝正弘店开业。这一斥资50亿元打造的5层的金鑫珠宝正弘店云集了珠宝、玉石、黄金、彩色宝石，甚至银饰、创意珠宝等丰富的珠宝品类。如此丰富的珠宝品类的亮相，对于河南的消费者而言，无异于上了一堂珠宝消费多元化的普及课。

事实上，相较于为河南的消费者打开了多元化消费的新窗口这一功能，金鑫翠钻宫与金鑫珠宝正弘店的开业对于整个行业的意义更深远，因为其开创了新的运营模式。

与其他珠宝卖场不同的是，金鑫珠宝正弘店采取了“国美模式”+“菜百模式”的混合运营模式，这是中原珠宝行业的首创。金鑫珠宝借鉴国美创造的综合卖场式经营，将众多珠宝品类与品牌吸纳为一体，减少了单个商家的运营成本，将优势集中化处理，这在国内也属创新之举。这种形式，直接在行业内引起了关于运营模式的新一轮思索。如此体量的金鑫珠宝正弘店的亮相，如同市场中最为活跃的一尾鲇鱼，直接引发了河南珠宝商的新一轮营销大战。

▶ 常玩常新的营销大戏

这一轮的营销大战，烽火最弥漫处莫过于二七商圈。以2012年为例，每个节假日这里都会成为众多珠宝商上演营销大戏的主阵地，而珠宝商祭出的不仅有价格利器，更有花样繁多的商业活动。

2012年“五一”前后，西起人民路，东至紫荆山路，不足3000米的西大街，就有金鑫珠宝、天成珠宝、中原珠宝城三大巨头上演营销大戏。有趣的是，三大巨头“很讲究”地将营销时间错开了。

2012年4月21日是金鑫珠宝正弘店正式开业的时间。此前，4月11日至20日，金鑫珠宝正弘店联合店内30余个珠宝品牌，投入数百万元举办“免费寻宝大行动”：每天推出3件珠宝产品，分布在1至5楼的不同柜台里，顾客按照相关要求找到这些珠宝就可以不花钱将它们带回家。这一参与度极高的活动调动了市民的热情，更调动了消费的激情，成功为金鑫珠宝正弘店的开业预热。

4 月 19 日至 24 日，天成珠宝借助其黄金首饰节吸引市民的眼球，将黄金免工费以旧换新的门槛放宽至无论在何处购买的均可换新的同时，推出 10 克金条免费抽的活动，赚足人们的眼球。

“五一”法定节假日期间，中原珠宝城狠狠拼了一把“全市最低价”，千足金首饰每克的价格低至 360 元，仅比国际金价高几元钱。钻石、铂金、K 金、彩色宝石、翡翠、珍珠、白银饰品等品类优惠层出不穷。

金鑫珠宝的孝心营销活动，情动中原

金鑫珠宝的营销活动，以创意名动中原

5月13日，金鑫珠宝正弘店启动“感恩母爱免费送黄金”活动，刊发广告称，满22岁的子女陪母亲到正弘店无须消费便可领取1克黄金。这样的免费大餐诱惑力极大，活动当天的凌晨5时就有近600名消费者排队等候领取1克黄金，上午8时排队等候领黄金的人群已超过3000人。截止到当天晚上9时，店内接待顾客超过3万人。

珠宝巨头们的接连出招，锁定了市民消费珠宝首饰的热情，形成了激烈的战局。除在优惠方面大做文章外，从2012年起，各路珠宝商推出的营销大戏更是抓住消费者的心理层出不穷地亮相河南市场。这样一台接一台营销大戏的背后，是河南珠宝商一次比一次豪气的大手笔。

2012年6月，在业界风头不显的灵云翠轩，在大商新玛特郑州总店启动了以“八十万翠镯免费送”为宣传点的郑州首届中式婚典盛装秀。这场活动的举办历时15天，总投入超过百万元。其最大的看点不仅有在公众场合演绎中式婚典，更有在郑州黄河路公证处的见证下，为69对新人赠送价值数千元的手镯，且承诺这69对新人满三年不离异就能够享受厂方保值回购赠送的手镯的政策。

彼时，像灵云翠轩这样大投入制造社会热点的珠宝营销大戏不止一场。

为了吸引更多人的注意，中原珠宝城携手中国黄金在2012年8月举办中国黄金“七夕金条节”暨中国黄金系列产品巡展。在当天的发布会上，破吉尼斯世界纪录的99.999千克的金条亮相，参与现场巡展的投资金条、千足金饰品合计重量近1吨。如此大的手笔，也着实吸引了河南消费者的眼球。

在这一轮的营销大戏中，深谙营销真谛的金鑫珠宝是玩转营销大戏的主角。从顾客献爱心金鑫送黄金、投入10千克黄金（价值4000万元）的“金种子计划”，到每个周末的“珠宝拍卖会”，金鑫珠宝一波又一波的营销活动带热了销售的同时，也带动着众多河南珠宝商热推产品的各种活动精彩纷呈。

▶ 大鳄深耕二级市场

相较于看起来颇为热闹的营销大战，另一轮看起来动静很小实际牵扯却很大的角逐，自 2012 年起悄然在河南的二级市场展开。

2012 年，天成珠宝在郑州、开封两地不断增加店面：3 月 9 日，天成珠宝在新密市开出一家新店；4 月 9 日—21 日，在如此短的时间内，天成珠宝先后在开封最繁华的街道——西门大街商业圈和解放大道老商圈分别“傍”着大商新玛特与大润发两大商业巨头开设两家新店。

有趣的是，在郑州市二七商圈内比邻而居的天成珠宝与金鑫珠宝，2012 年在开封也同样是邻居。2012 年 7 月，金鑫珠宝将开封迪臣世纪广场 6200 平方米营业面积纳入发展版图，与天成珠宝落户大商新玛特开封总店的新店直线距离不到 20 米。

在开封的拓展，只是金鑫珠宝这一轮进军地市市场的开始。2012 年 10 月，金鑫珠宝将信阳大商千盛和信阳亚兴集团赛博数码城共 4000 平方米的营业面积纳入发展版图，珠宝金凤凰再度飞入茶乡；2013 年，金鑫珠宝再度深耕信阳市场。

仔细观察，不难发现，在这一轮深入二级市场的市场开拓中，金鑫珠宝采取的是同一地市密集布点的动作。这样的动作也被业界看作金鑫珠宝对二级市场的深耕细作。该举不仅更利于珠宝企业摊薄外埠管理的成本，也更便于金鑫珠宝在区域市场迅速形成品牌影响力。

在金鑫珠宝这轮深耕二级市场的动作中，采取跟着金鑫珠宝策略拓展地市市场的，还有金美福珠宝、元亨利珠宝、一恒贞珠宝等珠宝品牌。

谈及此，时任金美福珠宝品牌运行总监的张建峰曾解释说，跟着金鑫珠宝的步调深耕二级市场，恰好符合金美福珠宝深度布局二级市场的市场战略，下一步金美福珠宝将在开封市场进行深耕与新的拓展。6 月 1 日香港金美福许昌大商新玛特鸿宝店开业，正好印证了张建峰的这个说法。当时，开业后金美福鸿宝店成为继许昌金美福品牌旗舰店七一路总店、大商新玛特店之后第三个落户许昌地区的专营店，为金美福珠宝品牌在许昌的发展增添了浓重的一笔。对于深耕二级市场的诉求，陈美峰直言：当珠宝品牌经历了第一轮的黄金批发、第二轮的跑马圈地做加盟后，第三轮角逐的着力点一定是珠宝品牌的自我建设与发展。

就整个珠宝业而言，深耕地市市场在 2012 年成为一种集体行动。这样的深耕二级市场，既是顺应省内珠宝商品牌发展的需要，也是为了在竞争日益激烈的情况下开辟更广阔的市场。

接缩水。面对此次的金价暴跌，业内流传一个自黑的说法，那就是“眼睛一闭一睁，人还在，金价跌了，个人身价直接打折了”。

如果非要从这样的金价暴跌中找到足以令河南珠宝商可以自我安慰的事件，那就是金价暴跌后市民的抢金热潮了。

金美福珠宝柜台前抢金的消费者

在这一节点上，金鑫珠宝和金美福珠宝一样，上演很有代表性的抢金热潮

受国际金价的直接影响，河南的黄金饰品零售市场几度调整价格。

令人意外的是，金饰价格的下调，诱惑着不少市民疯狂到省内各大珠宝店排队抢黄金。黄金市场出现的这一特殊现象，也打破了人们“买涨不买跌”的传统认知。这样的抢金潮在6月中下旬伴随着新一轮国际金价的下跌再度上演。这一现象也再度登上各大报纸财经版的头条。

在这一过程中，河南珠宝商也纷纷祭出价格利器，有意无意地推动抢购热潮。6月中旬的一个周末，位于二七商圈内的两大珠宝商，同一天在其店门前分别以条幅与电子屏的形式打出当日黄金饰品的价格。市民抢金热度之高，加上珠宝商有意无意的推波助澜，使整个市场消费黄金的量快速膨胀，甚至常常有在河南买不到黄金的市民跑到省外甚至香港去买黄金。

“货源太紧张了，我们公司一直是深圳很多品牌黄金的大客户，供货几乎没有受过限制。现在也不行了，为了保证店里黄金饰品货源充足，公司直接派了采购经理住在深圳，想尽各种办法从厂里抢到黄金首饰。”在市民抢金的高峰时段，金鑫珠宝集团营运管理中心总监李治国接受媒体采访时曾如是感叹。

这样的好时光似乎很短暂，奇迹可再一再二不可再三。2013年，由金价一轮又一轮的下跌创造的逆市抢金潮最终没能延续下来。伴随着国际金价的一路下行，河南的黄金消费在创造了两轮的抢金潮后没能再创造新的奇迹，而是一夜入冬。

这样的市场反应，也恰好应验了当年6月一位不愿透露姓名的珠宝商所说的话：“除了市场的原因，黄金饰品抢购潮背后不排除个别珠宝企业的助推。可以想见，当金价持续下跌时，这种抢购潮不可能持续出现。”

▶ 珠宝直销惠的重创

2013年，除金事特别多外，进入下半年，以挑战折扣底限为宣传口号的珠宝直销惠在中原大地疯狂拉开序幕，也给了实力雄厚的河南珠宝商以重创。

据不完全统计，仅7月至10月，此类珠宝直销惠就多达7场：7月13日—14日翡翠直销惠、8月3日—4日钻石直销惠、9月7日—8日翡翠直销惠、10月13日—15日钻石直销惠、10月19日—20日珠宝直销惠、10月18日—20日钻石直销惠、10月26日翡翠直销惠接连在郑州裕达国贸三楼开启……

如果仅仅是珠宝直销，即便举办密度再高，也很难对河南珠宝行业产生大的影响。这些珠宝直销惠之所以能够给河南珠宝商以重创，很大

▶ 老字号留下深厚底蕴

提到天成珠宝的前身老天成金店，相信不少“老郑州”都会有印象。在过去的珠宝市场上，老天成、老天保、老保成、老凤祥并称为“四大金店老字号”。由此可见，老天成金店久负盛名。

新中国成立前，在许多“老郑州”的心里，老天成就是老字号的代称，讲究身份地位的“老郑州”，都以家里拥有几件老天成打造的金银首饰、中西器皿、珠翠、钻石、珐琅镀金器为荣。

时光荏苒，历经近半个世纪的辗转迁徙，新中国成立后，老天成金店进行了全面改造，迁址到当时最繁华的正兴街商业区。老天成金店作为当之无愧的老郑州品牌服务着“老郑州”。

如今，正兴街商业区已不复存在，取而代之的是国内外知名的二七商圈，老天成金店也发展成为天成珠宝这一全新的商号。

“20 世纪 90 年代，河南天成珠宝集团有限公司（以下简称天成珠宝），由创始于 20 世纪初的老天成金店发展沿革而来。为了向老字号致敬，并将这段珍贵的历史传承保留下来，天成珠宝特别设计了现在使用的商标‘天成’。”谈及过去那段历史，天成珠宝总裁矫蓉颇为感慨。

▶ 历经风雨传承天成魅力

毫无疑问，拥有如此历史，天成珠宝的底蕴不可谓不深厚。尤其是 1993 年天成珠宝成立以来，在市场的洗礼与锤炼中，天成珠宝不仅传承着老天成的魅力，更形成了自己独特的文化底蕴与特色。

1993 年，老天成金店正兴街店开业；1994 年，天成珠宝旗下的大富珠宝金行开业；1995 年，天成珠宝旗下的鑫源金珠宝金行开业，落户郑州市德化街；1996 年，德化街天成老字号开业；1998 年，天成珠宝金行落户郑州市黄河路；1999 年，德化街天成金银楼开业，坐落于郑州市二七友谊广场，成为德化街的标志性建筑之一；2000 年，天成金店由东太康路向西迁址，重新改造装修后，营业面积、店容店貌有了不小的提升……

从某种意义上说，天成珠宝在 20 世纪 90 年代不仅经历了一家老字号的新发展，还见证着二七商圈的发展与繁荣。尤其是矗立在二七商圈核心地段、当年作为德化街最耀眼的标志性建筑之一亮相的天成金银楼，默默陪伴、见证着郑州市民婚嫁喜庆的那些重要时刻。

值得一提的是，1996 年至 2000 年是河南珠宝市场的调整期，在二七商圈商战的激烈角逐中，不少珠宝企业因经营不善，闭店歇业，退出市场。而天成珠宝在这一时期得到了快速发展。

为了尽快做大天成珠宝品牌，自 1998 年起，天成珠宝在郑州及河南其他地市发展了数十家连锁店，其制定的“自营连锁专卖店”的营销

天成金银楼

策略，一时间让天成珠宝在河南赢得了比较大的市场份额。

2000 年，河南天成珠宝有限公司营销团队敏锐地发现，分散于河南各地的数十家天成珠宝分店，使得天成珠宝在资金规模、管理水平、人才储备上的压力日益显现。在大和强不可兼得的前提下，营销团队选择了集中优势资源，做强天成珠宝品牌。天成珠宝认识到在新一轮的市场竞争中，不断练好"内功"，加强售后服务建设，才是创办百年品牌最需具备的要素。经过整合，天成珠宝开始收回所有地市门店，专心服务省会郑州的市场。

天成珠宝城

目前，天成珠宝在郑州形成了二七商圈天成金楼、天成银楼，碧沙岗商圈天成珠宝城，大学路天成珠宝，红专路天成大厦的五店市场布局，更顺利更名为"河南天成珠宝集团有限公司"。

天成珠宝新店成功启航、老店盛大重张，并成功举办周年店庆和多种多样的消费回报等一系列活动，这一老字号在消费者和同业的心目中将品牌、口碑再度拉升至新的高度。

▶ 不拒创新老字号新时尚

尤其值得行业内外赞誉的是，天成珠宝尽管底蕴深厚，却始终拥有澎湃的活力与时尚的文化内涵，其悠久的发展历史并未成为其拒绝创新的理由。

天成珠宝下足功夫做好内部管理强化工作。他们坚持"创新促发展，文化育品牌”的企业培训文化理念，定期举行员工培训、工作经验交流、文体活动、公司庆典等形式多样的企业文化活动，体现了公司对员工的人文关怀，增强了企业的内部凝聚力和对外竞争力。

“这些年，我们一路劈波斩浪风雨前行，依靠自力更生、自我突破，在毫无现成经验可以借鉴的情况下走出了一条艰难的自营连锁式发展和创新之路。同时规范、引领河南珠宝市场的价格，推动行业向更广阔的空间发展。”天成珠宝总裁矫蓉曾这样总结。

除了内部管理上不断进行形式与模式的创新与突破，在产品研发方面，天成珠宝的创新走得更靠前。现在的天成珠宝，每月都有数以千计的新款珠宝产品推出，让天成珠宝始终在市场洪流中引领着珠宝消费的新时尚、新潮流。数十年来，根据黄金、铂金、钻石、珠宝首饰市场的发展状况，天成珠宝开发了大量个性、时尚的新潮首饰，为天成品牌注入了新的活力。

要知道，一个好的珠宝品牌，最最看重的就是其所销售的珠宝的内涵与文化。天成珠宝这样一个拥有百年传承的珠宝品牌，也正是凭借着悠久的历史底蕴和丰富的珠宝产品，扎根于中原，屹立于中原，服务于中原。

就目前而言，天成珠宝更是率先在行业内开拓 K 金饰品，以海量的款式时尚而丰富的 K 金饰品引领着行业潮流，并在积极引入 K 金饰品的

天成珠宝的货品丰满度在业界也是有口皆碑

基础上，确保着其质优价平的特点。

▶ 自持物业，成就质优价平

在采访中，记者还了解到这样一个秘密：天成珠宝之所以能够实现黄金、铂金、钻石、K金、翡翠等品类珠宝的质优价平，一方面是得益于其直采体系，省去了中间流通环节，极大地降低了销售成本；另一方面则得益于天成珠宝金楼等主力店铺的自持物业，有效降低了运营成本。而两大因素的结合，成就的就是天成珠宝的质优价平。

关于天成珠宝的自持物业，也曾有业内人士点评：自持物业带给天成珠宝的好处不仅是能够成就天成珠宝的质优价平。某种意义上可以说，天成珠宝在发展的二十多年中，之所以步伐走得扎扎实实，没有出现过资金层面上的困难、坎坷，与其自持的终端卖场物业有着密切的关系。而天成人也曾在公开场合自我调侃：“地盘在手，经营无忧。”天成珠宝副总裁苏惠君曾坦言：早在多年前，公司就已经意识到珠宝零售企业在繁华商圈内的终端卖场未来的租金一定会长期持续地上涨，在个别年份，甚至会出现租金超常规幅度跳涨的现象。这对传统珠宝企业控制成本、健康发展无疑是一个非常不利的局面。也正因如此，公司的大战略里有一条很重要的内容就是物业要尽可能地自持，以保持运营与服务的稳定性。

如今，省会郑州二七塔北侧的天成珠宝金楼、德化步行街的天成珠

因诚信与平价，天成珠宝的活动现场人气爆棚

宝银楼、红专路天成珠宝集团大楼等，均为天成珠宝自身的固定资产。没有了高昂卖场租赁费用的羁绊，天成珠宝在内部管理、员工待遇、企业发展上，有能力投入更多的精力和财力。也正因如此，天成珠宝对始终坚持把顾客的利益放在第一位这句话更容易落地执行。

在天成珠宝看来，和顾客利益有最直接关系的就是珠宝的价格和产品的质量，那就应在这两方面下功夫。一方面，在质量上天成推出了饰品十日内无条件包退包换，钻石饰品终身包退、终身免费调换新款等承诺，让顾客真正消除了后顾之忧；另一方面，本着薄利多销的原则，实实在在地让利于顾客，榨干价格水分，将利润降到合理区间的最低值。其黄金可免费换黄金、铂金、钻石饰品的服务，在细节上温暖人心。

▶ 守法诚信，金品与人品共纯

在天成珠宝，推崇这样一个企业信条，那就是“金品与人品共纯”。可以想见，在这样的企业信条指引下，天成珠宝在诚信方面会如何做。

对于“老郑州”来说，之所以能够十年如一日信任天成珠宝，不外乎是由于天成珠宝在珠宝质量上精益求精，严格把关。在天成珠宝，所有饰品均经过检测后再上柜，店内还设有专门的检测仪器及经河南省产品质量监督所鉴定的电子秤，在显要位置竖立告示牌，明确注明：顾客若对饰品成色有疑虑，到有关检测权威部门检测后，如不满意，十日内包退包换。

在确保产品质量的同时，天成珠宝还严把商品价格关。每个饰品都是明码标价，从不虚标高价，大幅度打折。另外，所有金饰在售出后，当场复秤，克重不足的天成珠宝退给差价，超重的顾客不交多余货款。按照国家规定，黄金珠宝首饰每件货品秤量值不大于 100 克的，标重允许有 0.01 克的误差，也就是说顾客复秤与标重误差少于 0.01 克是正常的。但在天成珠宝购物，即使少 0.001 克，也要当场给顾客退差价。时下，透明化的公平消费已经成为天成珠宝面对消费者的经营准则，明码标价，一视同仁，不搞价格歧视，不设价格陷阱，将实实在在的优惠以最真诚的方式奉献给消费者。

▶ 贴心服务，成就行业标杆

与天成珠宝的诚信同时刻在“老郑州”心坎上的，还有其特色鲜明的服务。由于天成珠宝的发展跨越了 20 世纪 90 年代与 21 世纪，其发展的过程中，各个阶段的服务在细节上会略有不同。按照一般企业的发展思路，其执行的服务标准通常是当年有效。天成珠宝却不是这样。

只要是天成珠宝给出对顾客的服务承诺，哪怕十几年的时光过去了，服务标准发生了很大的改变，但只要顾客拿出消费凭证，天成珠宝依然会按照最初给出的承诺为顾客兑现服务。

也正因为如此，凭借这种本土企业的踏踏实实、真挚真诚，天成珠宝得到了顾客的厚爱与信任，其拥趸数量庞大。而天成珠宝之所以有这样的底气，还有一个很重要的因素就是，拥有自持物业，这也从硬件方面保障了天成珠宝能够为顾客兑现多年前的承诺。

除此之外，天成珠宝经常开展一些以宣传首饰文化和时尚为主题的文化性促销宣传活动，搞一些丰富多彩的服务性促销，如以旧换新、免收加工费、义务修理、义务清洗、首饰终身免费维修等，大大提高了天成珠宝的品牌附加值。

事实上，除了诚信与服务，天成珠宝始终坚持的平价策略也博得了市民的普遍好感。在价格上，天成珠宝承诺全市价格最低。榨干价格水分，将利润降到合理区间最低值，而黄金 10 克内可免费换黄金、铂金、钻石饰品的服务，在细节上温暖了人心。

事实证明，天成的平价策略所到之处一经推出便获得消费者的认可，并迅速拉动销售，终结了珠宝市场“价格昂贵的传家宝时代”，为稳定珠宝市场做出了一定的贡献，巩固了天成在同行中的主导地位。

河南省黄金珠宝检测鉴定站有关负责人曾点评：“天成服务标杆”现象，绝不是普通意义上的价格战、服务战，它不仅可以给消费者带来眼前的实惠，更会对珠宝市场的发展产生深远影响。因为天成所主张的“榨干价格水分”“钻石银行”服务理念正是当前整个珠宝市场所欠缺而又急需的，既是整个市场规范的标志，更是行业成熟的前提。

此外，天成珠宝的金质服务体现在日常工作的各个环节。公司从营业员、保安、服务人员、电话接线员抓起，制定天成珠宝的每一个服务细节，先后创设了一站式服务热线、首问责任制、微笑服务等充满人文关怀的服务品牌。一站式服务热线对社会公开，随时解答来电咨询，帮顾客与加盟商解决黄金首饰在销售、使用过程中遇到的问题；在接待客人和解答问题时都做到了百问不烦，动之以情，晓之以理，并且自始至终遵循微笑服务，真正体现了“顾客就是上帝”的理念。

▶ 天成造节，让郑州人忘不了

郑州珠宝市场从来不缺乏营销的创新，但是有些企业的创新如昙花一现，有些企业的创新则在岁月的沉淀中成为经典。天成珠宝的造节运动就是后者的代表。

2006 年，越来越多的国外、国内、本土的珠宝品牌进入郑州市场，一场激烈的行业角逐正如火如荼。在这样的大背景下，同年 9 月，天成珠宝推出首届钻石翡翠节，震动业界。这次钻石翡翠节备受市民追捧，便作为天成珠宝每年一届的保留节日留至今天。

2008 年 4 月，天成珠宝如法炮制，推出首届黄金首饰节，掀动消费热潮的同时，也将黄金首饰节作为保留节日带到今天。

一家企业的造节，为何能有如此大的影响力？矫蓉的解读是：只要货真价实，让顾客感受到最实在的购物体验，必然能赢得顾客的信赖和支持。综观天成珠宝的造节运动，均以货品全、品质优、价格低而大受欢迎。

为了佐证她的这一解读，笔者找到了天成珠宝 2011 年举办的“第五届钻石翡翠节”的相关资料。

在这一活动举办期间，天成珠宝不仅在原有的优惠举措中增添了“限时抢购”的活动，安排了店外模特首饰展，还配合举办了“幸运大奖免费拿”抽奖活动，同时在天成金楼四楼文物陈列馆还安排历代服饰展出及现代舞演出，使得活动更加丰富多彩，大大提高了活动的娱乐性、文化性和参与性。当时，丰富多彩的活动内容，不但让广大意欲购买的顾客目不暇接，而且已购买了珠宝的顾客也在天成珠宝店内流连忘返。在这样的背景下，“2011 年钻石新品推介会”顺势而出。在推介会期间，天成珠宝用新潮时尚而又琳琅满目的钻石产品引起着众多媒体的高度关

第二章

金美福珠宝：顺势而为也可以有情怀

【浓缩看点】

“看了这么多成败，觉得最最核心的原因是大势，它看起来不够情怀，不够有英雄气概，我不知道怎么表达，但这是成功的真谛。”小米科技的创始人雷军这样谈小米的成功。

与小米科技同样讲究“顺势而为”这一成功学真谛的金美福珠宝，却用十余年来的发展证明了这一点，做企业、做品牌，在对的时间做对的事，顺势而为也可以有情怀。

金美福珠宝是个珠宝品牌，也是一家企业。

自 1997 年落户中原腹地以来，作为珠宝品牌出现的金美福珠宝，赶上了最适合珠宝品牌发展的十年，以郑州为中心，向开封、许昌、漯河、驻马店、信阳不断开拓，直营店的数量从 0 到 10，再从 10 到 43……

作为企业出现的金美福珠宝，将直营店开得风生水起，更是在珠宝批发最火的时候将周大生、上海亚一、金大福、嘉华珠宝、梦金园、山东黄金等知名品牌纳入企业批发加盟的渠道。

就这样，凭借顺势而为的智慧，金美福珠宝赢得了在业界的一席之地。而赢得业界和消费者认可，金美福珠宝更多的是凭借其独特的情怀。

▶ 引入港版时尚，当上金店“一哥”

1997 年 7 月 1 日，“东方之珠”香港正式回归祖国的怀抱。在全民欢庆香港回归时，落户河南的闽商陈美峰却从这一信息中“嗅”到了商业价值。这一年，已通过做红蓝宝石镶嵌业务淘到自己人生第一桶金的他，决定抓住香港回归这一机遇，将香港金美福珠宝这一品牌植入自己筹备开设的新店中。

当时的内地珠宝市场，实施的是黄金制品零售业务许可证管理制度，这就意味着：在各地的人民银行占主导的河南市场上，只要民营金店敢于追逐黄金饰品款式的时尚，就有机会在零售环节“赢”过各地的人民银行。

金美福珠宝在业内以时尚的品牌特点而广受市民热爱

基于对市场的准确把握与判断，陈美峰大胆地将金美福珠宝植入其 1998 年于黄帝故里新郑开设的首家金店。

伴随着这家金店的开业，陈美峰敏锐的商业嗅觉得到了市场的认可。凭借来自香港的时尚设计，这家金店的销售很火，以出色的零售表现迅速成为新郑的金店“一哥”。

▶ 两路强势出击，金美福风生水起

“在什么样的环节，就要做什么样的事。”这是陈美峰的观点。也正是基于此，当第一家金店生意火爆时，陈美峰心态依然平和，他在等待一个适合发力的契机。幸运的是，这个契机并没有让他等太久。

2001 年 11 月 1 日，我国黄金饰品零售管理改革办法正式实行，取消了黄金制品零售业务许可证管理制度，实行核准制。在陈美峰看来，这个新政策意味着可供自己与金美福珠宝发展的舞台更大了，原来只能自己开金店，现在无论是批发还是加盟都有了可实施性。

2002 年，金美福郑州公司、中国华北金美福运营中心在中原腹地成立。与此同时，在这家公司的旗下，主营业务开始兵分两路强势推进。其中一路，以香港金美福这一品牌为轴线，开拓直营店与专柜，将重点放在塑造金美福珠宝的品牌价值、传递金美福珠宝“因幸福而美丽”的理念上；另一路，则以金美福郑州公司注册的金翠福品牌为轴线，专做珠宝批发与加盟业务。

金美福珠宝品牌专柜

在兵分两路，推进直营、批发、加盟业务的同时，金美福郑州公司自 2003 年起开始根据市场不同阶段的需求，陆续增加珠宝的品类。白色浪潮来袭时，经营的珠宝品类从单一的黄金增加为黄金与钻石、铂金、钯金品类并存；玉石消费渐热时，经营的品类增添了翡翠、彩色宝石、K 金、金镶玉等。

除了经营品类从单一向丰富发展，金美福郑州公司经营的品牌也渐渐丰富起来，相继代理了周大生、上海亚一、金大福、嘉华珠宝、梦金园、山东黄金等知名品牌。

珠宝品类丰富、旗下品牌众多，自 1998 年一路发展而来，金美福珠宝的成功似乎水到渠成，并没有过多的市场动作，却把每一步的发展节点掌握得很准确，良好的业绩更是有目共睹：做批发，巅峰时段，整个河南省有 2000 多家金店在陈美峰的公司里批货；做直营，省内多地、多个知名百货商场都可以看到金美福珠宝的专柜。

也曾有人探究过，金美福珠宝为何能在众多品牌中脱颖而出，收获百货商场的欢心？事实上，金美福郑州公司的办法很简单，那就是选择发展态势良好的百货商场、专业珠宝卖场结为战略合作联盟，同时整合公司内部的品牌资源，采取金美福珠宝、周大生、嘉华珠宝等品牌抱团入驻的策略，为品牌成长争取到最好的发展空间。这样的办法看起来简单，复制起来却并不容易，因为并不是每家珠宝企业都拥有像金美福郑州公司一样丰富的品牌资源。

如今，已经建立起零售与批发双翼齐飞这一业务模式的金美福珠宝，拥有了不俗的企业实力，其经营的金美福珠宝这一品牌已经是中国首饰业驰名品牌和中国驰名商标。

▶ 做好中间商，讲诚信更讲情怀

在业界有这样一种说法：生产商好做，零售商也好做，最难做的是中间商。形成了零售与批发双翼齐飞这一业务模式的金美福珠宝，无论是就其金美福珠宝这一品牌的加盟还是其他品牌的批发加盟，都是不折不扣的中间商。但是即便是身处 2013 年这一行业寒冬，金美福珠宝作为中游商家依然游刃有余。这与金美福郑州公司独特的企业情怀密不可分。

2006 年，在整个珠宝行业的发展最为顺风顺水的年份里，金美福珠宝商学院挂牌成立。这一商学院成立的最主要目的就是为金美福珠宝的合作企业培养优秀珠宝人才奠定基础。与其他零售业不同，珠宝行业的销售终端需要的销售人员，不仅要掌握销售技巧，更要掌握专业技能。

业内曾发生过这样一个典型的事件：两位顾客结伴到郑州某商场某知名品牌购买钻戒，购买前，珠宝导购想要提供更好的服务给顾客，就主动提出为其中一位顾客佩戴的钻石戒指进行清洗服务。在清洗时，导购却犯了一个致命的错误：直接将钻石放在超声波清洗机内。结果这枚戒指上的钻石出现了裂缝。无奈之下，公司只好对该顾客进行了赔付。

事实上，这样的段子看似极端，在业内却很有代表性。在深具市场经验的陈美峰眼中，想要做好中间商，就不能仅仅着眼于营利，而是要想好怎样共赢。行业缺少专业人才，金美福珠宝就携手河南省金银珠宝饰品质量监督检验中心进行培训，不仅对一线的销售人员进行培训，还要对从事珠宝行业的老板、经理进行培训。

“过去的珠宝企业，一般都是亲戚朋友支撑着做起来的，确实赚了钱，但没有品牌意识，缺乏战略眼光，没有管理能力，服务也很薄弱，对员工关心重视程度不够……因此培训对珠宝企业来说非常重要。很多做珠宝的老板的确很有钱，但他们却不懂得如何打造自己的品牌，没有一个良好的从业心态。”陈美峰说，金美福珠宝走过的这些年头，培训一直伴随其中，包括对加盟商、店长及一线员工的综合性培训。

金美福珠宝的培训老师，常常在培训中告诫加盟商的老板，品牌的延伸，不是说老板一个人就行了，老板看好了项目选择去投资，更要注重捕捉符合自己的人群，建立强有力的工作团队。

除了对合作伙伴提供其急需的培训服务，金美福珠宝还在诚信的基础上，为合作伙伴提供更多增值的服务。比如，加盟商资金短缺时，金美福珠宝为加盟商提供担保；加盟商把握不准货品的市场反应时，金美福珠宝为加盟商提供全省境内同品牌免费调换款等服务；伴随市场竞争的加剧，当合作伙伴需要更专业的客户数据分析时，金美福珠宝大手笔砸钱，将零售端 ERP（企业资源计划）管理系统投入使用……

▶ 爱心孝心诚心，温暖人心

单单是企业经营做得好，金美福珠宝或许并不会赢来如此多的好口碑。毕竟在河南商业圈里，不乏经营得风生水起的企业。金美福珠宝自其发展之初，就积极参与社会活动，承担起企业的社会责任。

金美福珠宝为地震后的雅安祈福、捐款

金美福珠宝为品学兼优的贫困学子送去助学金

以 2014 年为例，在不足一年的时间内，金美福珠宝多次深入基层，关注各个社会弱势群体。5 月 30 日，金美福珠宝幸福基金携手壹基金许昌分区向许昌博爱儿童康健园捐赠五谷粮食、鸡蛋、卫生纸等生活物资，呼吁更多社会爱心人士关注这些可爱的孩子，为孩子营造一个充满爱心、充满希望的成长环境，倡导公众像父母一样接纳他们，同时，尊重特殊儿童的权利、尊严和生命价值。9 月 8 日，金美福珠宝开展中秋节“红袜”孝心活动，在团圆的日子里，让在异地工作的游子们，感激父母的养育之恩，免费领取温暖爱心大礼包，为父母送去一份温暖。

【企业备忘录】

1992 年，金美福珠宝贸易公司、金美福珠宝品牌在香港注册。

1994 年，香港金美福产品设计研发中心挂牌成立。

1997 年，金美福珠宝品牌深入河南腹地。

1999 年，金美福珠宝入驻深圳水贝珠宝工业园。

2001 年，金美福在内地的第一家旗舰店开业。

2002 年，中国华北金美福运营中心在中原腹地成立。

2006 年，金美福珠宝商学院挂牌成立，为企业培养优秀珠宝人才奠定基础。

2009 年，金美福珠宝入驻大商新玛特、新世界百货、大商千盛生活广场、BHG 时尚百货（北京华联）等国内强势百货企业。

第三章

金鑫珠宝：看得懂，学不会

【浓缩看点】

金鑫珠宝是一家奇特的公司。

作为珠宝企业，在同行琢磨着开加盟店、直营店的时候，金鑫珠宝一直在做的只有一件事，那就是“建平台”，参考的发展目标是沃尔玛、国美这样的卖场。回望金鑫珠宝的发展历程，自 1997 年 10 月 1 日开设第一家店以来，无论是初期的无意识还是后期的有意而为之，金鑫珠宝始终围绕“建平台”这一目标在做一次又一次的优化。

作为一家民营企业，金鑫珠宝被业内人士点评为“最像国营企业的民营企业”。例证之一是金鑫珠宝历来在员工培训方面很下血本：1998 年，在黄金 1 克不到 80 块钱的时期，当时总营业面积达 3000 平方米的金鑫珠宝可以投入数十万元对员工进行服务技能、专业技能的培训。例证之二是金鑫珠宝在品牌整体形象方面投入巨大：短短 17 年的发展历程中，两度斥巨资对企业进行 VI（即 Visual Identity，一般译为视觉识别；企业 VI 通常指人们最先感知到的、带有企业鲜明特色的各种图片、文字与标志等一切视觉识别特征）设计。

特立独行的血脉，似乎自金鑫珠宝诞生以来就根植在这家企业中，从不曾改变。业内也有人不断在研究金鑫珠宝的很多做法，却发现，虽然看得懂，但想要复制却无从着手。

▶ 快一步的服务：看得懂学会难

1997 年 10 月 1 日，第一家金鑫珠宝诞生于四面环山、六水并流的千年帝都洛阳。有过在洛阳生活经历的人，大抵都会有这样的感触：这座城市，人文底蕴深厚，商业氛围温和。举个最简单的例子吧，同一条商业街上，2000 年你去看有哪些店面，2010 年你再去看，其中七成以上的店铺都还在。就是在这样的商业土壤中，却孕育出了金鑫珠宝这样屡屡挑战行业服务标准的“异类”。

之所以为金鑫珠宝打上“异类”的标签，是由于其提出的服务内容往往充满了“奇思妙想”，总是比同业快那么一步，让人看得懂学会难。

1997 年，当河南全部国营珠宝企业的柜台上都贴着“贵重商品，

金鑫珠宝正弘店

金鑫珠宝翠钻宫

一经售出概不退换”的提示时，仅有一家店提出“10 日内随意退换；黄铂金百日内免费换新款”，那就是营业面积只有 300 平方米的民营珠宝企业金鑫珠宝。当业内普遍执行“黄铂金首饰，款式调换仅限本品牌”这一标准时，金鑫珠宝却放低门槛，只要顾客上门，不管是不是在金鑫珠宝购买的黄铂金首饰，都能享受调换服务……

时至今日，谈到当时的服务标准，金鑫珠宝集团董事长年永民都会兴致高涨。他回忆说，1999 年的某一天，例行巡店时，自己刚好看到顾客手上戴的黄金戒指变形了，就招呼顾客在店里免费清洗、矫正戒圈形状。那位顾客一开始还不敢相信，因为他的戒指并不是在金鑫珠宝买的。直到金鑫珠宝的员工帮他的戒指清洗、调整过戒圈后真的没有收费，他才相信珠宝店也有“免费的馅饼”。

上有所行，下必效之。有了年氏兄弟的主动示范，金鑫珠宝的员工执行服务标准时很容易“就宽不就严”了。这样看似吃亏的做法，却快速让金鑫珠宝“宁失万两金，不负顾客心”的服务口号被叫响，更让很多企业难以 100% 拷贝到金鑫珠宝的服务精髓。更何况，金鑫珠宝那些近乎“奇思妙想”的服务内容，版本一直在升级刷新，从 1.0 进化到 5.0。

2000 年，“会员服务”在整个河南零售业还是新鲜词的时候，金鑫珠宝已经组织好了服务队，上门为顾客免费清洗抽油烟机，在顾客生日的时候上门派送生日蛋糕与鲜花，组织会员免费旅游……

2012 年以来，当 99% 的零售企业开始尝试着走上 2000 年金鑫珠宝做服务的这条路时，金鑫珠宝已经开始试水为顾客提供各项不以销售为导向的服务，比如每年投入几十万元公益开放的新时代相亲俱乐部，再比如“牡丹花服务”中多达十几条的免费服务内容。

金鑫珠宝“牡丹花服务”升级发布会现场

金鑫珠宝的服务呈现在公众面前时，似乎并没有什么特别出奇的地方，只是比同业其他企业快了一步，但是就是这快的一步，让金鑫珠宝一路走来，很容易地笼络住了顾客的心。

作为服务品牌，2003 年 10 月，“金鑫珠宝”被中国工商业联合会审定为“中国商业服务品牌”，而河南只有双汇、金鑫珠宝两家品牌获此殊荣。荣誉的价值或许很难量化衡量，但是从这样一个细节很容易看出金鑫珠宝在洛阳市场非常深入人心。有小道消息称，2004 年，丹尼斯百货进入洛阳时发布的调查问卷中，最受欢迎的本土品牌一栏中相当数量的市民给出的答案是金鑫珠宝。

▶ 组队秘诀：用人、福利都要不拘一格

也有人说，金鑫珠宝做服务的最大秘诀是“下血本”，这样说似乎

也对，但又不全对。实际上，与服务同样舍得下血本的还有金鑫珠宝的用人。

关于金鑫珠宝的员工招聘，有这样一个真实的段子。1999 年，金鑫珠宝在洛阳上海市场百货大楼开设 3000 平方米的金鑫珠宝洛阳上百店。这家金鑫珠宝店是当时中国最大的珠宝卖场，毫无疑问，对员工的需求量也很大，全部员工算下来需要 200 多名。这样的员工量，正常情况下，对于一家民营企业而言，应该不容易一下子招募到位。然而，令人诧异的是，前去应聘的人数多达 3000 人。从 3000 人中选录 200 人，基本是 15 个人中录取一人，这样的盛况堪比当下的公务员考试。

这样的盛况固然有金鑫珠宝洛阳上百店所处的区位优势带来的便利，而吸引着这些优秀人才向金鑫珠宝这家民营企业流动的主要原因是待遇高于同行业且福利好。

“我三哥（年永安）不仅特别舍得给员工开工资，还特别愿意解决员工遇到的工作、生活上的困难。在他看来，作为民营企业，福利待遇必须好，才能招到足够优秀的员工。”年永民谈到兄长的用人理念这样总结。

事实上，在当时的背景下，除待遇、福利好之外，金鑫珠宝还有一个吸引员工加入、留下的极有利条件，那就是在金鑫珠宝可以获得专业培训，为个人的职场含金量做加法。

金鑫珠宝的基层员工队伍

当时金鑫珠宝的员工绝大部分来自洛阳涧西区的工人家庭，其父辈几乎全是凭着一手技术从国内各地迁入这里的。在父辈职业精神的熏染下，他们在职场上汲取养分、获取更高职位的欲望远比普通人要强。而他们的这一职场精神诉求，金鑫珠宝能完全满足。

1999 年前后，金鑫珠宝特别邀请了河南省金银珠宝饰品质量监督检验站、河南省宝玉石协会等专业机构的老师为员工进行专业技能的培训，并在系统内举办营业员技能大赛，对员工的专业技能进行考核、验收与奖励。类似的培训在业内推广开来，已是三四年后。

这只是金鑫珠宝组建团队的一个缩影。曾有人点评说，金鑫珠宝的用人理念留着清晰的年永安式风格：大胆、不拘一格。熟悉年永安的人都知道，他推崇、尊重人才，用人时强调放权和共享：一旦选定人才，不插手具体事务，不仅信任对方、给予对方极大的权力，更不吝给出远远超出对方预期的丰厚回报。也正因如此，金鑫集团作为一家民营企业，其管理层却不乏从银行业、传媒业甚至政府机构“跳槽”而来的能人。

▶ 搭建平台：欲做珠宝业的沃尔玛

“一开始进入珠宝行业时，我们兄弟谁都没有具体地想过金鑫珠宝将来会有怎样的规模。1997 年，在洛阳亚细亚开设金鑫珠宝第一家卖场店时，我三哥要将金鑫珠宝打造成珠宝业的沃尔玛这一理念还没有成形。但是从那时候起，他的心里已经有了一个模模糊糊的概念，那就是金鑫珠宝未来要做连锁珠宝城，而不是珠宝店。”面对如今金鑫珠宝的发展盛况，年永民这样回忆说。

在年永民看来，兄长年永安的过人之处在于其总能敏锐地捕捉到发展的先机。1997 年至 1999 年，尽管并没有成形的理念，但是金鑫珠宝依然在年永安的带领下，如有神助地相继与洛阳亚细亚和洛阳上海市场百货大楼达成合作，并于 1999 年凭借 3000 平方米的金鑫珠宝洛阳上百店成为当时中国最大的珠宝卖场。

金鑫珠宝在开出连锁珠宝卖场的道路上迈出这一步后，其发展的脉络越来越清晰。2003 年 12 月，金鑫珠宝在省会郑州的核心商业圈内开设新的珠宝卖场——营业面积达 4000 平方米的郑州友谊金鑫国际珠宝城；2011 年 7 月，金鑫珠宝与大商集团战略合作，入驻大商郑州 8000 平方米正弘店；2011 年 12 月，中原首席 1500 平方米高端翡翠会所金鑫珠宝翠钻宫开业；2012 年 7 月，金鑫珠宝与香港迪臣签署战略合作协议，将开封迪臣世纪广场 6200 平方米纳入发展版图；2012 年 10 月，金鑫珠宝与大商集团、亚兴集团签署战略合作，将信阳大商千盛、亚兴集团赛博数码城共 4000 平方米纳入发展版图……

仔细观察的话，会发现金鑫珠宝在发展的过程中，无论是早期的“无心插柳”还是此后的“有心插花”，都始终朝着“打造珠宝业的沃尔玛”这一目标航行。也正是由于金鑫珠宝的目标是要打造珠宝业的沃尔玛，而非运营单品牌的珠宝，金鑫珠宝在运营中远比任何单品牌运作的企业都更为重视企业 VI。

截至 2003 年 12 月郑州友谊金鑫国际珠宝城开业，金鑫珠宝已有了 7 家分支机构。这样的连锁规模，无疑是需要进行企业 VI 的统一的。2004 年，金鑫珠宝签下“知心爱人”任静、付笛声为品牌形象代言人，为期三年；2005 年，金鑫珠宝各连锁店进行了二次装修，从形象到品牌进行了初步统一；2009 年，金鑫珠宝全面规范 VI 标志的使用，对公司品牌标志进行了调整，按照新的标志使用；2015 年，金鑫珠宝再次大手笔投入，对企业 VI 进行二次全面升级。

金鑫珠宝对企业 VI 的重视，令呈现在省内各地居民眼前的金鑫珠宝不再是千店千面，而是用统一的企业特征让人们记住了这个品牌。比如，当人们提起金鑫珠宝时，就会想到金鑫珠宝标志性的商标、标志性的空姐式导购制服……

▶ 诡谲营销：锁定业界“头条帝”交椅

2013 年以来，年永民面对外界不止一次提及这样的说法：“专业的珠宝卖场、专注于营销与服务的运营商，这是金鑫珠宝的定位。”在他看来，金鑫珠宝作为专业珠宝卖场、珠宝行销商，最大的价值不仅在于整合了丰富的珠宝品牌，更在于创造性地在做运营、做营销。

事实上，早在金鑫珠宝没有走出洛阳之时，这样的做法就沉淀在其血脉中。如金鑫珠宝从开业之初保留至今的每月大奉送活动就是珠宝零售业经典的营销活动之一。金鑫珠宝在店内设计了一个按照月份不同，分隔为 30 份或 31 份的转盘，通过转动转盘每个月选出一天作为大奉送的日子，在这一天买什么送什么。如果仅仅如此，金鑫珠宝的做法仅能被称为促销而非营销。有趣的是，在这一活动推出之初，金鑫珠宝邀请了洛阳地区的公证人员对抽取大奉送日子的行为进行公证。就这样，这一活动迅速在社会上引起讨论与反响，为金鑫珠宝赚足了眼球的同时，更赚足口碑。

金鑫珠宝携手 30 家战略合作品牌诚信宣誓

金鑫珠宝公益营销活动“鸡蛋换黄金”火爆场面

伴随着运营时间的推移，金鑫珠宝对于营销的精髓吃得很透。远的不提，2013 年以来，仅仅就黄金一个品类，金鑫珠宝就能玩转出几套完全不同的营销方案，而每个营销方案都堪称事件营销案例中的经典。从金种子计划到黄金西瓜价，再到鸡蛋换黄金献礼给母亲……每次营销的节点都挠在了市场最痒处。

有圈内人点评说，金鑫珠宝营销活动的诡谲与创新，为什么难以复制？因为很难有一家企业能够像金鑫珠宝这样，既有年永安式的“大胆”破冰在前，又有学财务出身的年永民用“财务精算”护航在后，“这样的金鑫珠宝，让人很容易看得懂，却很难学会”。

【企业备忘录】

1997 年 10 月，金鑫珠宝连锁企业成立，其前身为洛阳亚细亚金鑫珠宝有限公司。

1998 年 10 月，洛阳上百金鑫珠宝有限公司成立。

1999 年，金鑫珠宝在洛阳上海市场百货大楼开设营业面积为 3000 平方米的金鑫珠宝洛阳上百店。

2001 年 12 月，金鑫珠宝第一家连锁店洛百金鑫珠宝城正式开业。

2002 年 9 月，为了开拓市场，金鑫珠宝迈出了洛阳，9 月 15 日平顶山中原二百金鑫珠宝城开业。

2002 年 10 月，金鑫珠宝第四家连锁店许昌鸿宝金鑫珠宝城开业。

2002 年 12 月，金鑫珠宝进军河南省会郑州，金博大金鑫珠宝城开业。

2003 年 4 月，历时半年的稳步发展，金鑫人意气风发地迎来了第二个发展年，金鑫珠宝第五家连锁分店信阳亚兴珠宝城开业。

2003 年 12 月，营业面积达 4000 平方米的郑州友谊金鑫国际珠宝城开业。

2011 年 7 月，金鑫珠宝与大商集团战略合作，进驻大商郑州 8000 平方米正弘店。

2011 年 12 月，中原首个 1500 平方米的高端翡翠会所金鑫珠宝翠钻宫开业。

2012 年 4 月，金鑫珠宝斥巨资打造的 8000 平方米的金鑫珠宝正弘店开业。

2012 年 7 月，金鑫珠宝与香港迪臣签署战略合作，将开封迪臣世纪广场 6200 平方米纳入发展版图。

2012 年 10 月，金鑫珠宝与大商集团、亚兴集团签署战略合作，将信阳大商千盛、亚兴集团赛博数码城共 4000 平方米纳入发展版图。

2013 年 4 月 26 日，金鑫珠宝信阳大商千盛店开业。

2013 年 7 月 20 日，金鑫珠宝开封迪臣店开业。

2013 年 11 月 1 日，金鑫珠宝信阳赛博店开业。

2013 年 11 月 27 日，金鑫珠宝洛阳建业店开业。

第四章

铭心珠宝：三次漂亮转身都华丽

【浓缩看点】

在做珠宝首饰的闽商圈里，张国王、张国汉兄弟名气很响，因为其金镶玉的手艺是家传的，传到他们兄弟这里，已经是第四代。现在，在市场上叫得响的华昌珠宝的名字来源于其父亲创下的“华昌号”。

1995 年，张国汉离开故土来到中原腹地郑州打拼，并于 2001 年创办了华昌珠宝河南分公司。2004 年，就在张国汉将华昌珠宝在华中地区的加盟做得风生水起时，他却激流勇退，选择放弃华昌珠宝的光环，在郑州南区开设了一家首饰加工厂，生产全新字号的铭心珠宝。

就在业内都以为铭心珠宝要走生产型的发展路线时，2009 年，铭心珠宝以河南 20 多家、全国 80 多家的加盟店这一数据展示了精彩的第二次转身。

又一次转身，在 2014 年亮相。这一次，铭心珠宝不再满足于仅仅作为珠宝品牌而出现。在河南铭心珠宝有限公司的业务链上多了一项，那就是打造一个全新的中原珠宝批发零售中心——金多银多珠宝城。

▶ 初次转身：从华昌珠宝到铭心珠宝

从某种意义上说，张国汉就是铭心珠宝，铭心珠宝就是张国汉。之所以这样说，是因为张国汉是铭心珠宝的灵魂，他在事业上倾注的所有心血都体现在如今的铭心珠宝上。

出生于福建莆田的张国汉，与兄长华昌珠宝创始人张国王，受父亲的感染，年少时就很爱钻研金镶玉技艺。1995 年，他外出闯荡来到郑州，做的第一份工作就是黄金首饰的加工维修。

1995 年至 2001 年的郑州，珠宝行业的发展一天一个样。目睹了中原珠宝市场不断升温的过程，张国汉有了自己的想法。他先是从黄金首饰的加工维修这一技术岗转到了为金店跑业务的岗位，在积累了一定的经验与资金后，他开始筹备自己创业。

2001 年，他将兄长张国王创办的华昌珠宝引入中原，设立了华昌珠宝河南分公司，并在郑州的商业主干道西大街上开出了华昌珠宝的专卖店。由于选择入行的时机刚刚好，华昌珠宝的分店在张国汉手中不仅开到了郑州之外的平顶山、新郑、新乡等地，还走出河南开到了山东菏泽与广西柳州。

2004 年，就在华昌珠宝华中地区的加盟业务做得风生水起之时，张国汉却选择了放下华昌珠宝带来的光环，回到珠宝生意的起点，着手创办了河南铭心珠宝有限公司，在当时还比较偏僻的郑州南区租下土地，开办了千金首饰加工厂，生产自己亲手创造的珠宝品牌“铭心珠宝”。

对于张国汉的选择，直至今日，还有许多人会感慨“不值”，因为 2004 年至 2008 年是河南珠宝市场上加盟最“火”的时间段，张国汉却转而投身于珠宝生产这一收益来得远不如发展珠宝品牌加盟快的环节。

但是珠宝圈也有人看好张国汉的这次转身。曾有一位业内人士点评说，张国汉深具眼光，抓住了生产源头，其珠宝品牌的后期发力才会更有劲儿。

对于为何要舍简从繁，张国汉一直没有谈过。但是不难猜测的是，出身于三代长辈都在用毕生精力追求金镶玉技术的极致的家庭，张国汉的内心对于珠宝生产与加工一定有着不一样的情结。

铭心珠宝郑州旗舰店实景

在这样情结的驱动下，铭心珠宝高纯度黄金——99.99% 含量的黄金经过多年的技术攻关终于在 2009 年 10 月成功实现，不仅通过了国家质监部门和标准办公室的备案，还拥有自己的“高纯度黄金首饰”企业标准编号 Q/HWW01–2009。

▶ 再次转身：走出工厂铭心脚步遍中国

2010 年之前，国内能够生产万纯金的工厂数量并不多，在河南市场上，铭心珠宝更是为数不多能够生产万纯金的品牌之一。万纯金在市场上的受追捧程度一直很高，尤其是河南这样的北方市场上，消费者受传统消费习惯的影响，对于高纯度的黄金首饰追逐的热情极为高涨。不难想象，拥有自主生产万纯金这一技术的铭心珠宝在市场上的反响会如何。

在张国汉眼中，有了顶尖的生产工艺，这只意味着铭心珠宝是一家优秀的珠宝生产企业。如何走出工厂，将铭心珠宝的舞台推向更广阔的珠宝零售市场，将是铭心珠宝接下来最重要的课题，毕竟“铭心珠宝想要从生产型企业发展为市场终端品牌商，有很长的一段路要走”。

2009 年 10 月，铭心珠宝的品牌运营中心落户郑州裕鸿花园。在铭心珠宝的这一品牌运营中心设有 2000 多平方米的珠宝展厅，以批发、加盟为主，零售、展示为辅，经营的品类涵盖了黄金、铂金、钯金、钻石、千足金镶嵌、硬千足金、银饰、翡翠等丰富的品类。

铭心珠宝郑州旗舰店内景

紧接着，张国汉对铭心珠宝品牌背后的所有资源进行了整合，以全新形象的铭心珠宝展厅与千金首饰加工厂为核心，借助铭心珠宝郑州与香港的品牌管理中心，同步快速拓展铭心珠宝的网络。经过一轮快速布局，铭心珠宝在河南省内拥有了 20 多家加盟店，在国内拥有了 80 多家加盟店。

这还只是一个起点。为了进一步提升铭心珠宝在国内的影响力，2009 年，在全国最大的珠宝交易地深圳，张国汉设立了近 1000 平方米的黄金批发展厅，并成立了深圳市铭心珠宝有限公司。

铭心珠宝一线员工团队

此时的铭心珠宝，在国内有了三个举足轻重的支点，分别在中原腹地郑州、国内珠宝批零之窗深圳与时尚天堂香港。

加盟业务做得红红火火，铭心珠宝的直营店开拓也同样成绩卓著。除了以上几个品牌运营中心，铭心珠宝在河南省内外成功开设了几十家直营店，为铭心珠宝拓展出了更为广阔的舞台。

▶ 三次转身：从发展终端走向建平台

就在铭心珠宝的舞台越来越大的 2013 年，张国汉对于铭心珠宝的未来进行了新的规划：一是在郑州设立一个为品牌珠宝商服务的黄金珠宝批发中心；二是在郑州市管城区筹建中原黄金珠宝文化产业园。毋庸置疑，铭心珠宝这次的步子迈得比之前两次都要大。

谈及铭心珠宝为何要筹建这样两个体量不小的项目，张国汉说，自己早有这样两个构想。在国内珠宝市场，“一南一北”两个市场最为有名。“南”指的是深圳水贝市场，占据了全国 90% 以上的珠宝市场批发的份额，其辐射力与影响力毋庸置疑。“北”指的是北京五环珠宝城，吸引了来自山西、河北、东三省等地的珠宝商，更吸引着北京当地人与到北京的游客前往购物消费。唯独扼守东西南北四个方向交通的中原，尽管有着丰沃的珠宝批发、加盟的土壤，辐射力与影响力却并不强，甚至不少河南的珠宝品牌为了发展得更好会选择将营销中心或总部搬到北京、深圳去。而自己早已看中河南的地域优势与丰富的人力资源。

“想想看吧，如果在郑州这片土地上，一座又一座黄金珠宝批发中心诞生了，吸引着越来越多的珠宝品牌从福建、深圳，聚集在这里，借助郑州这座城市发达的铁路、公路、空运资源，向周边的山西、山东、安徽等地辐射吸引力与影响力，该有多棒！”张国汉调侃说，“作为落户在河南的福建珠宝商，我想一想就觉得热血澎湃，更不用说河南本土的珠宝商了。”

张国汉是这样设想的，也是尽自己所能在推动这一市场的形成。2014 年，借助铭心珠宝位于郑州裕鸿花园的品牌营销中心，在东大街与紫荆山路这一十字金街的西南角，铭心珠宝一手打造的金多银多珠宝城于 2015 年 6 月试营业。在这个全新的金多银多珠宝城里，不仅落户着张国汉倾力邀请而来的闽商打造的珠宝品牌，还落户着专门服务这些珠宝品牌运营商的配套服务商，如珠宝品牌形象设计商、珠宝包装运营商、珠宝展示道具商等。

铭心珠宝郑州旗舰店

铭心珠宝活动现场

同样是围绕着让郑州成为中部全新的珠宝批发中心这一目标，张国汉的另一个大手笔是依托郑州管城区的政策支持，筹建中原黄金珠宝文化产业园。在其设想中，中原黄金珠宝文化产业园将成为中部地区首个珠宝文化主题产业园区，建成后可有效承接深圳、郑州、北京三个地区，把分布在各地的珠宝企业集聚起来，构筑星级交易平台，实现多方共赢。整个项目的投资总额将超过 20 亿元，引进国内外知名珠宝企业百余家入驻，吸引数千家企业来此交易。为了推动这一总投资超过 20 亿元的项目顺利落地，张国汉多方协调推动，邀请到福建莆田黄金饰品行业协会组团投资。其中的努力与付出，不难想象。

为何要如此拼搏地推动铭心珠宝？张国汉说，自己有更长远的打算。对于出生在打金世家的他而言，早在创建铭心珠宝之初，就深刻地理解到黄金首饰加工环节对于整个珠宝销售、消费链条有着多么重要的意义。要知道，只有补上黄金首饰生产加工这个链条，河南的珠宝产业链条才是完整的。落户郑州的时间越久，他就越觉得再没有比郑州更需要也更适合建设这样一个珠宝文化产业园的地方了。有了这样一个产业园，不仅可以在河南的珠宝产业链上补上缺失的一环，还将实实在在树立郑州在国内作为新的珠宝交易中心的地位，而最实际的还是，整个产业链建成后，年利税将逾 2 亿元，就业岗位将多出来 2 万至 3 万个。

【企业备忘录】

1995 年 6 月，与人民银行郑州中心支行合作加工黄金饰品。

2000 年 8 月，郑州华昌珠宝首饰有限公司成立，代理河南老凤祥批发业务。

2003 年 8 月，在山东、平顶山、新郑、许昌、焦作等地开设 10 多家珠宝零售店。

2007 年 5 月，成立河南汉王珠宝有限公司。

2008 年 5 月，郑州朗坤首饰加工厂正式投产。

2009 年 5 月，在郑州设立铭心珠宝品牌（郑州）运营中心。

2009 年 5 月，在深圳万山工业园设立了铭心珠宝批发展厅。

2010 年 6 月，深圳市晶利雅珠宝有限公司正式投产。

2011 年 9 月，在深圳成立铭心珠宝品牌（深圳）运营中心。

2012 年 4 月，成立铭心珠宝连锁零售运营中心。

2012 年 12 月，在北京成立铭心珠宝品牌（北京）运营中心。

2012 年 12 月，深圳市晶利雅珠宝有限公司迁址李朗国际珠宝园。

2013 年 5 月，成立北京百年铭心珠宝有限公司。

2014 年 5 月，成立铭心实业集团有限责任公司。

2014 年 11 月，铭心珠宝郑州旗舰展厅乔迁。

第五章

中原珠宝城：痴情年年雕金城，愿为他人作嫁衣

【浓缩看点】

做企业难，难在做市场。

如果说，对于周大生、天成、金美福、元亨利这样成熟的珠宝品牌来说，难在如何进一步深耕市场、将事业更上一层楼，那么对于中小珠宝商而言，做市场则难在如何突破生存与死亡之间的界限。

2010 年以来，伴随着日益激烈的市场竞争，河南珠宝圈正在从“蓝海”变为“红海”。郑州这片商业氛围热烈的土地上，从来不缺乏想要投身商海者。2012 年之前，那些刚注册了品牌或没有来得及注册品牌的中小珠宝商，甚至经营珠宝的个体户，想要兼做批零，很难找到合适的平台。

直至 2012 年中原珠宝城落户郑州市紫荆山路与东大街交会处，这样的状况才得到改变。对于其中一些商户而言，中原珠宝城甚至改变了他们的命运。

痴情年年雕金城，愿为他人作嫁衣，唯中原珠宝城是也。

▶ 庞大的财富流却滋润不了小商户

清晨，当第一缕阳光照射到位于紫荆山路与东大街交会处的裕鸿花园时，这座外表极其朴素的大楼，很难让人联想到熠熠生辉的珠宝黄金。实际上，在这栋大楼里，每天都有两三百个做珠宝黄金生意的零售商进进出出，而这座大楼里的 15 家珠宝批发中心也在吞吐着数量庞大的珠宝黄金交易。

裕鸿花园所处的位置很有意思，你可以把它看作三个商圈的边缘，也可以把它看作三个商圈交集处的十字金街。从这个位置，向西南延伸有二七商圈及周边密密麻麻的批发市场；向东南延伸有家电、建材批发商的密集地；向正南延伸有大润发陇海东路店；向正北延伸有连锁百货商场两家、超市卖场一家、知名家电卖场一家。延展开的是正在丰满羽翼的紫荆商圈。

中原珠宝城矗立于郑州十字金街东北角

这样一个位置，不能说寸土寸金，也应该是有相当含金量的。自2004年中鑫珠宝、金美福珠宝、元亨利珠宝、铭心珠宝等众多珠宝商陆续入驻裕鸿花园之后，这里的含“金”量更是十足。

中原珠宝城董事长马忠2012年曾分析说，每个月在河南市场消费、周转的黄金有2吨多，一半是河南珠宝零售商从深圳进的货，一半是通过郑州的批发商走向河南各地及周边市场的货。而综观目前的郑州珠宝市场，以零售为主的如天成珠宝、金鑫珠宝等稳居二七商圈；郑州古玩城、纬一路则容纳一定的珠宝散户；东大街、西大街、北下街等有不少珠宝批发商户，市内黄金地段分布着不少珠宝专卖店。郑州这样一个承接南北之地，市场潜能极大，却很难有珠宝小商户的立足之地。

在出身草根的马忠看来，河南市场上销售的珠宝品牌有几百家之多，做出规模的却不过十余家。更多的小微珠宝商，挣扎在生存与死亡的交界线上，他们远比成熟的珠宝品牌更需要一个发展的平台，哪怕这个平台不够完善。

“从这一点看，广州、北京的珠宝商，远比河南的珠宝商幸运。要知道，对于做企业的人来说，最难过的不是搏击市场后失败了，而是还没有入局就出局了。”闲聊中，马忠不止一次感慨道。国内珠宝交易中心，南有深圳水贝珠宝市场，北有北京五环珠宝城，唯独在中部，尚没有一个能够挑起大梁的珠宝交易市场。郑州成就了一个又一个不同行业的批发贸易中心，为什么不能成就一个大型的珠宝交易中心？

事实上，与马忠有着同样感触的还有曾任河南金银珠宝饰品质量监督检验站站长的慕强与赵海平。慕强曾心痛地感叹说：每每看到河南的珠宝品牌墙内开花墙外香，就觉得难过。赵海平也曾说：河南的珠宝品牌数量一直以来并不少，但是能够叫得响的、在市场中占的份额很大的不多。

▶ 落户十字金街专为小品牌做嫁衣

长久以来，作为中国黄金河南代理商中鑫珠宝的掌门，马忠常常有一个想法：能不能就在十字金街附近，建一座河南人自己的黄金珠宝交易中心，就像北京、深圳的珠宝交易中心那样，以郑州为中心，给珠宝商家一个平台，也同步增强十字金街对周边省份的辐射力？

起了这样的念头后，马忠开始留心附近有没有合适的物业条件。最终，马忠将目光锁定在裕鸿花园对角线位置的紫燕华庭的裙楼上。2012年之前，这座裙楼因多种原因已闲置多年。

马忠暗暗下了狠心，决定豪掷一把，把这座裙楼买下来。有了想法，马忠很快就付诸实施。他将整栋裙楼买下来，重新装修，筹建郑州市第一座以批发兼零售为主的黄金珠宝交易中心——中原珠宝城。

因为挠到了许多小微珠宝商内心的痒处，中原珠宝城的前期招商工作推进得很顺利，许多亟待发展的中小珠宝商积极入驻，仅用了几个月的时间，中原珠宝城就具备了开业条件。

2011 年 12 月 10 日，中原珠宝城开门迎宾，其开业随即名动中原，身负数名——“五个最”及“一个第一加唯一”：中原珠宝城是中西部地区容量最大、辐射最远、黄金珠宝货品最全、交易形式最全面、最专业的黄金珠宝批发市场，是中西部地区第一个也是唯一一个以黄金珠宝批发为主的珠宝市场。

值得一提的是，占了三层楼、总面积 1.2 万平方米的中原珠宝城，集黄金、铂金、K 金、镶嵌、翡翠、白玉等珠宝的批发及零售于一体，不仅招募到亟待发展的中小珠宝商，更吸引了不少知名品牌入驻，如中国黄金、周大生、梦祥银饰、钻之恋等。

开业后，中原珠宝城不仅提供黄金珠宝批发业务，而且还提供珠宝

中原珠宝城客流如织

零售、首饰包装、柜台设计、珠宝物流、珠宝检测等业务。不定期的珠宝品牌展示会、促销会、珠宝首饰文化节等也是中原珠宝城的一大亮点。

谈及此，马忠曾这样总结说：中原珠宝城之所以能够吸引到知名品牌入驻，很大程度上说明一个问题，在当前的背景下，一大批像中国黄金这样以原料金为主打产品的黄金企业的转型升级，共同汇成了整个中国工业的转型升级。在这个转型升级的过程中，珠宝品牌急需一个孵化器，将“中国制造”升级成“中国创造”，提高产品附加值。中原珠宝城正中其下怀。

现在，中原珠宝城的三个重要功能已经全面成形。一是成为知名品牌进一步展示和塑造品牌的窗口；二是成为珠宝产业文化交流场地，整合资源实现共享；三是打造中部地区各类珠宝的交易中心和集散地。

▶ 众多中小品牌由此腾飞

将中原珠宝城描述为珠宝品牌孵化器，这种说法或许不够具象。实际上，如果将目光放在这样几家商户身上纵向对比的话，会很容易理解中原珠宝城作为珠宝品牌孵化器的价值。

中原珠宝城定期帮商户进行业务技能的提升

刘刚强，中原珠宝城二楼电梯口处翠玉阁专柜的小老板，典型的“80后”草根创业族，抱着一腔热情进入珠宝行业，没有人脉，资金微薄。入驻中原珠宝城之后，他以经营中档翡翠制品为主，在中原珠宝城积累

中原珠宝城很重视各类公益活动

了庞大的批零客户群体，淘到了自己的第一桶金。

2013 年年初，尝到甜头的刘刚强盘下了与原有柜台相邻的柜台，扩大经营规模。现在的翠玉阁不仅经营有中档翡翠、金镶玉，还经营有多个品类的珠宝杂件。而他不仅实现了事业的起飞，也拉升了个人的幸福指数：在这一年娶到了如花娇妻、添了儿子，还买了一套房子，甩掉了郑漂的标签，落户郑州。在中原珠宝城，找到了适合自己珠宝事业发展平台的不止刘刚强一个。

如果说，像刘刚强这样的草根创业族在这里实现的是人生与事业的双丰收，那么对于经营银饰的品牌洪兴酷银、银狐、京祥银等而言，中原珠宝城最大的意义在于为银饰这一珠宝产业中的小品类提供了一个快速发展、繁荣的舞台。

这些银饰品牌的扎堆入驻，为这些原来名不见经传的品牌提供了快速品牌化的捷径，也让更多来自河南各市地乃至周边地区的加盟商看到了银饰作为珠宝行业快速消费品的商业价值。

▶ 产业集聚效应自中原珠宝城始

自中原珠宝城开业以来，十字金街带动的黄金珠宝产业集聚效应日个企业，不是看做的体量有多大，而要看十年过去了，这个企业是否还待在这个市场上。”

在陈保国眼中，企业想要持久发展，需要增加新的品牌、品类，更需要把握一个原则，那就是不过分追逐热门品类，量力而为。开辟一个新的品类之前，要先将手中现有的品类做精、做透。在这样的思想引导下，这一时期，一心珠宝安安心心地做着黄金首饰的批发，即便黄金批发的利润很微薄，一心珠宝依然十年如一日地配备专人为批发客户配货、调换。

一心珠宝展厅内人气爆棚

一心珠宝的这份坚持，也赢得了许多主打黄金这一品类的珠宝生产厂家的青睐。百泰首饰、老庙黄金、中国黄金……一个又一个知名黄金品牌将一心珠宝作为重要的合作伙伴。直至今日，在一心珠宝的批发体系内，各大知名黄金品牌所占的比例也不小。

有了名气，自然有企业找上门来。不少深圳的小厂派人来拜会陈保国，甚至开出免费铺货的条件，以达成与一心珠宝的合作，却被陈保国拒绝了。他的理由是，几百家批发客户为什么跟着一心珠宝走，哪怕一心珠宝的黄金批发价格并不是最低的？大家冲的是一心珠宝做黄金的扎实劲儿，不打价格战，靠的就是品质取胜市场。做中间商，在诚信方面的自我要求要比做生厂商更严苛，要不然，信誉没了，市场自然就没了。

▶ 无意插柳，却成中间商风向标

“一心珠宝挑牌子很严苛，对于摸不清楚品质、生产背景的珠宝企业，百泰首饰、老庙黄金达成了战略合作联盟，由一心珠宝抽调在市场中历练出的培训团队与百泰首饰、老庙黄金的营销团队无缝对接，共同组建百泰首饰河南运营中心、老庙黄金河南运营中心，为百泰首饰、老庙黄金全省近 300 家销售网点提供优质的培训服务。

事实上，这样的合作对于品牌方与一心珠宝而言，是一种双赢的选择。经历了十余年发展，一心珠宝作为中间商，在为多个品牌的珠宝商提供批发服务的同时，早已历练出一支对市场敏感、擅长培训珠宝销售专业技能的团队。而这样一支团队对于品牌方来说，是极为需要的。而品牌方规范的市场培训与运营思路、庞大的销售网点恰好为一心珠宝的培训团队提供了用武之地。经过双方的密切合作，一心珠宝不再作为百泰首饰、老庙黄金的中间商出现，而是致力于如何为品牌的销售网点提供优质的培训服务。对于品牌的终端来说，这绝对是一件好事。毕竟，在日益激烈的市场角逐中，哪个品牌能够为零售终端提供更为优质的培训服务，哪个品牌就有可能在市场上创造更好的销售业绩。

据陈保国透露，一心珠宝与百泰首饰、老庙黄金的这次默契合作，只是一心珠宝二次创业中的重要一步。不久后，一心珠宝将与多个珠宝品牌对接，完美实现一心珠宝从中间商向服务商的成功转型。

【企业备忘录】

2002 年，一心珠宝成立于郑州市管城区，主营黄金批零业务。

2006 年，一心珠宝迁至福华大厦，开始走专业珠宝中间商的发展道路。

2014 年，与百泰首饰、老庙黄金战略合作，共同组建百泰首饰河南运营中心、老庙黄金河南运营中心。

第七章

周大生珠宝：“一哥”的中原情结

【浓缩看点】

得中原者得天下。

1999 年，周大生珠宝进入河南市场。彼时，无论是在河南还是在国内，周大生珠宝并未像今日这般稳坐珠宝品牌“一哥”的位置。

然而，即便如此，周大生珠宝依然显现出其强大的生命力，其进入河南市场的第 5 年，直营店铺的数量就突破了 12 家。这样的市场表现，足以秒杀众多珠宝品牌。

截至 2014 年年初，周大生珠宝在全国已拥有 40 个区域运营管理机构，营销网络覆盖 32 个省、市、自治区、直辖市的 300 多个大中城市，连锁店与专柜达 2700 余家。即便是在如此耀眼的成绩之下，周大生在河南交出的答卷依然抢眼：入豫 15 载，周大生在河南的门店与专柜的总数已近 200 家，占到了周大生在全国营销网络的十分之一。

▶ 初入中原，二人组交出牛答卷

对于周大生在河南抢眼的市场表现，业内有人感叹，河南市场成就了周大生。而在周大生河南分公司总经理周日升看来，既是河南市场成就了周大生，也是周大生成就了河南分公司。事实上，自 1999 年，周大生正式启动其在内地的市场战略时，周大生河南分公司便一直领跑在周大生体系内。

1999 年 6 月，周大生在北京王府井百货开设其在内地的第一家店。3 个月后，周大生启动在河南的布局，落户位于郑州的丹尼斯百货人民店。

1999 年的河南，活跃在珠宝市场上的品牌主要有两类：一类是河南珠宝商打造的品牌，如金伯利钻石等；一类是落户河南的闽商引入后亲自运营的珠宝品牌，如金美福珠宝、林昌珠宝等。像周大生这样直接连品牌带营销团队空降河南的品牌，数量极少，而像周大生的营销团队这样高效率开直营店的舶来品牌更是没有。

周大生在河南的专柜

周大生在河南的第一家专柜，开得很快，仅仅用了两个月的时间；更是在短短 3 个月的时间内，交出了漂亮的答卷，用 35 万元的销售额证明了其价值。与这样的成绩形成鲜明对比的是：此时周大生河南区营销团队仅有两人，一个是周大生河南区总经理周日升，一个是他的搭档叶华。

“有了良好的开端，就意味着成功了一半。”这句话用来形容初入中原市场的周大生珠宝似乎恰到好处。正常而言，任何品牌进入一个全新的市场，就意味着市场份额的从无到有。这对于任何品牌、任何行业而言，都是巨大的挑战。周大生在河南市场迈出的第一步却显得很轻松。

尽管看起来是这样的，但是时至今日，周日升回忆起来还会感慨：“只是看起来举重若轻吧。其实一开始困难还是挺多的，当时的河南珠宝市场尽管不够繁荣，但是已经有不少珠宝品牌在这个市场上抢占了先机，不少品牌在河南还是非常有底蕴的。周大生作为后来者，当时的市场知名度也并不像现在这样强势。当时，周大生河南区的营销团队只有两个人，但是我们都很拼，谈商场，一轮不行，就换种谈判方法重来，打不动商场领导的心，就研究商场的需求，最终凭借主打时尚钻石首饰与 K 金这一品类的独特优势打动了商场负责人。”不过，他也直言，实践证明，在当时的市场背景下，周大生在河南推行的直营店战略是有效的，而选择进驻知名百货商场更是为周大生奠定了良好的品牌基础。

就这样，2000 年至 2004 年，周大生珠宝的专柜顺利地在金博大城、丹尼斯百货、北京华联郑州店、正道花园商厦等一家又一家知名的百货公司亮相。截至 2004 年年底，周大生珠宝的直营店达到了 10 家，年销售额更是突破 1500 万元。

▶ 敢吃螃蟹，河南区域率先启动加盟

短短 5 年内，无论是开店速度还是销售额，周大生在河南交出的答卷都是骄人的。面对一片大好的市场，由最初的两人发展到当时的 5 人的周大生河南分公司的营销团队，对于如此漂亮的业绩并不满足，他们对于市场开拓的欲望与热情更加高涨。

进入 2004 年，河南的珠宝市场在国内的表现很是抢眼。面对市场的快速扩容，周日升与团队研究后觉得不应该看其他品牌在做什么，而应该根据市场做周大生能做的事儿。摆在他们面前的还有这样一个客观情况：伴随着与优质百货商场合作的持续推进，进入 2004 年，周大生

的直营体系想要进一步扩容已经出现瓶颈，毕竟当时管理与品牌效应俱佳的百货商场的数量是有限的。

在他们眼中，此时的周大生品牌是时候在河南启动加盟事业了。就这样，周大生河南分公司向总部提交了一份详细的报告，而当时的周大生珠宝在国内并未尝试过开加盟店。

幸运的是，这份大胆的报告提交到周大生总部后，总部顺利批复，并将河南分公司作为周大生启动加盟事业的首个试点。而周大生河南分公司也成为周大生体系内首个也是当时唯一一个开始发展加盟的分支机构。

时至今日，周大生首个获批的加盟商许广民还记得当时的情景。他回忆说，那个时候，在河南市场上品牌很多，但叫得响的品牌并不多，也是基于这一理由，他成为首批周大生的加盟商，在新乡百货大楼开设一家专柜。就这样，一个又一个理念与周大生契合的河南珠宝商加入到周大生的加盟商体系中。

“那真是一个梦幻的时期。团队中每个人都很努力。”在周大生河南分公司工作多年的吴瑞回忆说，“那个时候，在河南省内出差一天跑三个地方是再正常不过的。”当时周大生河南分公司有一辆专门下市场用的车，一年下来跑了 15 万千米。

从这些细节上，不难看出当时的周大生河南分公司营销团队的工作效率是怎样的，就是有限的七八个人手，盯道具、盯货柜、盯货品、培训员工，一件件繁琐而具体的服务工作，竟做得滴水不漏。

正是凭着这份强大的团队协作力与执行力，2004 年年底至 2005 年年底，短短一年的时间内，周大生河南分公司就成功发展出 12 家加盟商。这 12 家加盟商更是以 4500 万元的漂亮业绩回报了周大生。2005 年年底，周大生总部借鉴河南分公司的经验，制定了面向全国市场的加盟连锁战略。

经过这一阶段的探索，2006 年，周大生在河南的加盟事业首次突破亿元大关，并以快速发展的节奏走过接下来的三年。

▶ 深耕细作，扩张品建两不误

现在回头去看，就会发现，对于周大生河南分公司来说，2006 年是一个转折点，加盟连锁全面展开，并且有了飞跃性突破。发展到这一阶段，周大生品牌在河南已是当之无愧的强势品牌。

周大生珠宝在河南的强势发展，也正是这一时期周大生在全国发展的缩影。正如周大生珠宝在河南的市场表现一样，综观周大生的发展历程，从批发、零售到品牌，再到加盟连锁的快速扩张，其从 1999 年介入内地珠宝市场之初就快人一步，占领了先机。2006 年，周大生在内地已开设了直营店与加盟店共 300 余家，区域覆盖北京、天津、河南、山东、福建、山西等地。

2006 年以来，无论是在河南还是在整个内地，珠宝行业的品牌竞争越来越激烈，强势品牌挤压弱势品牌已成为必然趋势。在如此激烈的竞争状态下，周大生又是凭借什么优势一直稳步发展的呢?

周大生全新的河南区配货中心，软硬件极赞

谈到这个话题，周日升谈得最多的是看似与市场关联度不高的员工和团队。他告诉记者，尽管用人数量并不多，但是周大生高度重视人力资本的持续增值，为员工提供丰富的培训与学习机会，帮助员工持续成长，追求公司团队中人才素质在业内的领先地位。同时，周大生重视对经销商的培训，比如设置了专职和驻店培训专员，既注重内部专业讲师队伍建设及内部培训，也为员工提供经常性的外部培训学习机会，从而使员工获得最大化的培训效果。

除了抓好企业文化，产品更是周大生赢得消费者的核心元素。周日升介绍说，周大生与专业珠宝设计公司和有创新能力的首饰加工企业进行深入合作，专门配合市场推广活动，为周大生独家设计专属产品，并加强珠宝产品的独特性、唯美性。

具体到河南市场，周大生河南分公司的营销团队分析后得出结论：河南地处中原，潜力比较大，加上郑州又是大交通枢纽，珠宝品牌相对中低层的同质化竞争比较激烈。在这样的背景下，周大生的店铺数量上已经有了一定的规模，在快速发展的同时还要把现有的店做好、做强，提高各店的赢利能力。正是在这样理性的判断分析下，2004 年年底至 2009 年，周大生品牌在河南高速发展，销售网点超过百家，销售额突破 4 亿元。

▶ 代理商制，又先行一步

面对周大生品牌在河南市场一路高歌式的快速发展，周大生河南分公司的团队并没有盲目向前冲，而是沉淀下来，静待一个最好的时机，为周大生在河南市场的发展寻求新的增长点。

面对数量如此庞大的销售网络，如何进行精细化管理？这是现阶段摆在周日升面前的主要课题。2010 年，周日升开始着手进行周大生品牌在河南市场上规范管理工作的推进，一方面强化周大生河南公司团队的培训、服务技能与考核，另一方面不断做深周大生在河南市场的营销。

2014 年年初，在周日升眼中，经历了 4 年时光沉淀的周大生河南分公司是时候迎来新的突破了。他将一个大胆的想法提了出来：7 月 1 日起，周大生河南分公司启用全新的代理模式，推进周大生河南运营中心与代理商并存的新运营模式。

周日升解读说，新的代理模式可以帮助周大生快速借助代理商成熟的培训团队，为周大生的连锁加盟事业提供更好的护航，也可以借助代理商成熟的市场网络，将周大生在河南市场的销售网络体系向更纵深处推进。与 2004 年一样，这次尝试让周大生河南分公司再度走在了周大生体系的前列。

【企业备忘录】

1999 年，周大生珠宝在北京王府井百货开设内地第一家专柜；同年，周大生珠宝进入河南市场，并开设第一家直营店。

2003 年，周大生珠宝在国内的连锁店突破 100 家。

2004 年，周大生珠宝在河南的连锁直营店突破 10 家。

2005 年，周大生珠宝在河南启动加盟模式，当年加盟店突破 10 家。

2006 年，周大生在河南的年销售额突破 1 亿元。

2009 年，周大生珠宝在河南的加盟店与直营店总数达 100 家；其在全国的连锁店超过 1000 家。

2013 年，周大生在全国的连锁店超过 2300 家，在河南的加盟店与直营店总数接近 230 家。

2014 年 7 月 1 日，周大生在河南启动代理模式。

▶ 家乡建厂，产品在美国大放异彩

找准了市场定位，安得工艺在美国市场获得的订单越来越多。这时候，新的问题出现了：由于美国市场是按照订单走的，而郑州安得工艺品只作为中间商的话，没有自己的加工厂，无论是产品质量还是交货时间都无法充分把控。

1999年，安得工艺在郑州的工厂开建，一边建厂一边开工，与美国市场的订单进行无缝对接。

建厂之初，安得工艺遇到的困难一重又一重：土地、厂房、原材料、工人，前期都要投资，压力自然很大；而最难的是当时的国内加工彩色宝石没有现成的经验可以参考，加工彩色宝石的人才需要自己培养，加工彩色宝石所需的机器没有现成的，只有买最基本的机器一边做一边用土方法改造。

在克服这些困难的同时，还要保证加工出来的彩色宝石又好又便宜，还能批量生产，要求委实不低。想要做到这样的定位，不仅需要对原材料市场有很强的把握能力，还需要有不断精进的设计研发工艺与大量的原石储备作为支撑。

举例来说吧，众所周知，彩色宝石想要光芒出众，无疑需要像钻石切割那样实现立体的多切面，但是很多时候，实现多切面的代价便是牺牲保重的诉求。牺牲一部分克重，就意味着成本的增加。而面对这个选择，安得工艺将“好”放在了第一位，同时压缩利润比例以实现又好又便宜，“毕竟，不漂亮的是石头，漂亮的才是宝石”。

再举例来说，天然彩色宝石想要实现量产，不仅对加工设计团队是个考验，对原石储备更是考验，要知道，想要凑出一定数量品质接近的天然彩色宝石，往往原石储备量的需要大得惊人，若非如此，很难实现量产。

“付出总有回报”，在市场检验中证明，安得工艺这样的定位是精准而有效的。在时光推移中，其美国分公司在美国市场奠定了只做一级批发的市场地位。如今，在其客户表中，不仅有美国知名的连锁百货公司，还有全美知名的电视购物公司。而这除了与安得工艺“又好又便宜又能量产”的定位有关，与其说到做到的商业口碑也有密不可分的关系。

“说好了 8 月 1 日交货，就绝不会 8 月 2 日交货。”陈秋丽感慨说，“做出这样的承诺并非没有困难，以前郑州工厂经常停电，但是我们的原则是不管是工厂停电还是秋收时工人请假，确定交货期前可以预留富余时间，但是一旦确定交货期，想尽办法也要守信。”

▶ 全球采购，用河南工艺站上塔尖

安得工艺在美国做市场，有一个讲究就是宁缺毋滥。订单多的时候，做不完也不找其他工厂代工，而是明确告诉客户，这段时间订单排不上，要么放弃要么向后顺延。在展会的选择上，安得工艺也是如此，只选择美国本土的两大展会：每年 2 月的图桑展与 5 月的拉斯维加斯展。

在接近严苛的自我要求下，安得工艺在美国市场的口碑越来越好，伴随而来的是安得工艺在美国市场订单量的不断增加；同时这些订单覆盖的彩色宝石的品类也越来越丰富，多种颜色的托帕石、橄榄石、海蓝宝、摩根石、玉髓及各类天然水晶等都在订单之列。

面对这样的订单要求，安得工艺仅靠在国内采购加工彩色宝石的原材料显然远远无法满足市场的需求。要知道中国并不是大部分种类中高品质彩色宝石的主产区，而想要打造丰富的彩色宝石产业链条，只有优秀的

安得工艺收藏的沙漠玫瑰矿物标本

设计与加工能力是不够的。这也是安得工艺为什么要深入南美洲、非洲等区域及印度、俄罗斯等国家进行原石采购的原因。只有拥有充足的彩色宝石的原石储备，安得工艺 100% 的自主设计、自主加工才能完美实现。

安得工艺收藏的矿物标本

如今，在拥有从原石采购到自主设计、自主加工的完整链条的基础上，安得工艺的彩色宝石业务丰富到令人咂舌的程度，几乎将所有颜色、所有品类的中高品质彩色宝石都囊括在运营体系内。

也正是伴随着安得工艺踏上全球采购矿物标本之路，安得工艺才有机会收藏到许多难得一见的矿物标本。

如今，在安得工艺郑州工厂老厂区，上下 4 层的大厂房内全部摆满了让人目不暇接的矿物标本。此外，在其美国的库房内，还有许多没有拆封的藏品。

▶ 传奇不断，在国际市场长袖善舞

无疑，在现在的美国市场上，安得工艺的优势是独特而不易复制的。但是，即便如此，并不意味着 2008 年以来的全球金融风暴对其没有丝毫影响，只是这种影响因其巧妙的布局而被化解到最小而已。

2008 年以来，在美国市场上，一批又一批珠宝公司倒掉了，其中不仅有没根基的小公司，还有巨头公司。而安得工艺的业务却没有受到明显影响，一方面得益于其十余年来在市场上树立的诚信口碑，另一方面得益于其三级客户群的结构。

“全美知名的电商购物公司、连锁百货公司、电子商务等巨头是我们的一级客户，中型的彩色宝石采购商是我们的二级客户，美国市场上的特色珠宝店是我们的三级客户。这三级客户群，结构互为补充，有效帮我们减小了美国经济低迷的影响。”陈秋丽坦言，“长期以来，公司有个不成文的规定，那就是，单一客户绝对不会占得我们销量的25%，这样便可以将运营风险控制到最小。”

正是这些得力的市场布局，成就了安得工艺在美国市场创下的河南传奇，也成就了其根植中原大地在国际舞台长袖善舞的精彩。

【企业备忘录】

1989 年，郑州安得工艺带着蓝色托帕石，首次前往美国图桑国际宝石矿物博览会参展、销售。

1995 年，郑州安得工艺在美国开办分公司，形成了彩色宝石全球采购、河南加工、美国销售的完整链条。

1999 年，郑州安得工艺在郑州开建新工厂，与美国市场对接。

2010 年，郑州安得工艺的第二家彩色宝石加工厂落户新乡长垣。

2013 年，郑州安得工艺积极推进河南省首个公益开放的玉石文化博览园——中原国际珠宝玉石文化博览园的打造。

▶ 巅峰之后，归于平淡仍钟情

“2008 年的翡翠市场，好得让人不敢相信。2008 年之前，真玉工坊的一个柜台每个月的零售额不过 10 万元左右，2008 年的时候销售额像吹气球一样向上升，每个月的销售报表上都是 6 位数并向上增长。”周洪军感叹说，那简直是一个好到不真实的时期，真玉工坊很快在山西、内蒙古等地开设了一家又一家翡翠专卖店、专柜，巅峰时期，全国有多达 320 家店面。真玉工坊的销售在河南始终处于不断增长的状态，业绩喜人，这样的黄金时期一直持续了四年。

面对市场的高热，周洪军敏感地想到：盛极必衰，翡翠市场的巅峰时期过去后，市场必将面临一轮洗牌。就在周洪军心存隐忧之时，火爆的市场仍打动着越来越多的珠宝商开始加入运营翡翠品类。

正如昙花开至最绚烂时就将凋谢一般，2013 年，河南的翡翠市场迎来了前所未有的考验：一方面，翡翠的原材料价格不断攀升，而零售市场的价格增长无力，渐渐形成了价格倒挂之势；另一方面，河南一家又一家翡翠大卖场的开张，越来越多的翡翠品牌进入河南市场，越来越多的珠宝品牌开始在经营的品类中加入翡翠……这些市场现状都在不断加剧翡翠零售市场的竞争，挤压着翡翠的销售发展空间。

面对这样的市场现状，身边再度有朋友劝周洪军：翡翠最好的时期已经过去了，这个品类在当下已经成为鸡肋，食之无味，弃之可惜。你不能总是抱着爱好做生意，那是“玩票”，不是经营。如果实在不想丢掉翡翠这个品类，就增加上黄金、钻石、铂金这些品类。朋友们的轮番劝解说动了周洪军，但是让他的企业转型做黄金、钻石、铂金这些品类，又让他觉得过不了自己心里那道坎。这时候，他想起数年前自己在台湾看到的珊瑚。

▶ 选定珊瑚，第二次另辟蹊径

周洪军选定珊瑚的理由与最初选定翡翠一样，看重的就是珊瑚的稀缺性与独有性。在他眼中，珊瑚与翡翠相比，更具灵性，因为珊瑚是所有珠宝首饰中为数不多的有生命的珠宝，不是矿物质，也不是化石，而是活体动物珊瑚虫的外壳。因为有这样的想法在先，早在2000年的时候，周洪军就开始与福人德珊瑚的创始人林金銮接触。而之所以选择福人德珊瑚，周洪军有自己的判断。在他看来，既然要做珊瑚这一品类，那就必须选择最好的合作伙伴，福人德是内地珊瑚行业的开创者，也是首个珊瑚珠宝品牌的创立者，林金銮本人亦被盛赞为“珊瑚皇后”。

福人德珊瑚珠链

2007年，国内的珊瑚市场渐渐规范，必须持有水生野生动物经营利用许可证的商家才能够经营红珊瑚。捕捉到这一契机，周洪军与刚刚经历了二次创业的福人德珊瑚的创始人林金銮的理念不谋而合。

周洪军将福人德珊瑚引入河南时，很多圈里人都表示不理解，在大家看来，做珊瑚的投入真的很大：一是珊瑚的备货成本很高；二是想要合法经营红珊瑚还需要每年对水生野生动物经营利用许可证进行年审；三是珊瑚这一珠宝品类，好则好矣，但是太小众了；四是经营珊瑚不同于其他品类，由于珊瑚这一品类的特殊性，经营珊瑚就意味着没有办法做加盟，只能依靠企业自身的积淀到市场上直接做销售。

尽管身边不少朋友都在劝他，在经过详细的思索后，周洪军还是毅然投入了300万元，成为林金銮的合伙人，享有对福人德珊瑚品牌的使用权。2008年5月，办理完全部手续的周洪军选择丹尼斯百货人民店作为福人德珊瑚落户河南的首家店。

福人德珊瑚佛像

福人德珊瑚项链

这家福人德珊瑚专柜开业后，带给了周洪军出乎意料的惊喜：珊瑚这一小众品类，在周洪军的推广下每个月的销售都在持续攀升，最多一个月的销售额高达百万元。有了一家专柜的成功，周洪军开始有条不紊地选择合适的百货商场引入福人德珊瑚：2009 年，福人德珊瑚落户新玛特郑州总店；2010 年，福人德珊瑚落户正道花园商厦；2014 年，福人德珊瑚落户郑州新玛特金博大店。

▶ 拓荒不移，传播珠宝文化心不改

2000 年，周洪军选择了翡翠这一冷门品类，经历数年坚守，等到了翡翠高热的 4 年。2008 年，周洪军选择了珊瑚，这一小众品类当时也正在升温，尤其是 2013 年来，伴随着越来越多的河南人赴台湾旅游，河南消费者对珊瑚这一品类的认可度越来越高，珊瑚这一品类的消费升温速度加快。

如果说，一次把准了市场未来的消费热点是幸运，那么，两次把准了市场未来的消费热点恐怕就不能仅仅用幸运来定义了。

事实上，了解周洪军的人都知道，无论是早期推广翡翠，还是 2008 年开始推广珊瑚，他在业内做的工作都更接近于拓荒者。

2000 年，在消费者只认黄金的消费时期，他多次编写翡翠佩戴知识、翡翠优劣的辨别方法等实用的小册子，同时将传统文化中与翡翠有关的部分植入其中，对消费者进行普及。

2008 年，开始推广珊瑚这一品类以来，周洪军更是花费心思对消费者进行珊瑚常识的普及。除了撰写珊瑚佩戴方法、珊瑚鉴别常识等有用的小册子，周洪军还常常邀请专家对福人德珊瑚专柜上的导购进行专业技能的培训，并将有关珊瑚保养的小常识通过专柜导购之口传递给消费者。

在福人德珊瑚的专柜有这样一条不成文的规定：顾客只要带着自己的珊瑚首饰来到专柜，无论是不是在福人德珊瑚专柜买的，福人德珊瑚的导购都会为顾客的珊瑚首饰进行保养，同时对顾客进行保养常识的讲解。

在业界曾有这样一个段子：一位从台湾旅游回来的女士带回来了一串珊瑚项链，戴了一段时间后，发现珊瑚珠子表面泛白了，就拿到福人先想办法找到一处能够做辐照处理的地方，试着将自己手中的托帕石改改色。”老先生弄清楚了手中矿石的底细，便有了更大胆的想法。

有了想法，实现这个想法的难度却极大。20 世纪 80 年代初的国内，信息闭塞，想知道哪儿能给托帕石改色，没有万能的搜索引擎，只有靠人托人地打听。而好不容易打听来消息，却发现做过托帕石改色试验的四川中国工程物理研究院，因缺乏经费与相关产品的投入，这一项目已经停止。

为了让四川中国物理研究院这一项目的专家回心转意，老先生一次又一次前往四川与专家交流，并带着专家来到郑州，向专家展示他仓库里库存多达五六吨的高品质托帕石。最终凭借这份诚意打动了对方。

▶ 一次参展，他将生意做到美国

经过辐照处理的托帕石，拥有了动人心魄的天空蓝的颜色。面对手中漂亮的托帕石，陈其周又开始了新一轮的奔走：先打听到北京、福建有工厂可以切磨托帕石，找到北京手表元件工厂谈定切磨托帕石事宜；再几经周折，结缘中科院东方科学仪器进出口公司，带着切磨好的托帕石参加广交会。

就是这次广交会上的经历，让陈其周眼前打开了一扇看得更远的窗户。他发现，广交会上的美国人对自己手中的托帕石很感兴趣，还特别在切工等方面提出了很细致的要求。与美国人成功的商贸交易，让他萌生了一个新的想法：带着托帕石走出国门试一试，毕竟彩色宝石在当时的国内并没有消费传统，在国外却有着百余年的消费传统。

可是在当时的国内环境下，出国的难度用“极大”显然不足以形容，不仅需要有国有企业开具出国任务书，还需要经过各级政审。

老先生下了决心要出国，就开始着手一一克服这些难题。他先找到了与自己此前有业务往来的中科院东方科学仪器进出口公司的负责人王津，大胆提出自己的想法与看法。王津听后很惊讶，一是觉得出国的费用不低；二是觉得仅仅带着简单加工的托帕石就要到美国市场试一试，太过大胆。最终，陈其周“想到美国看看国际的标准与经营方法是怎样的”这样简单却积极的理由打动了王津。王津答应他：“我给你任务书，你自己想办法办护照，再有什么困难就不要再说了。”

解决了出国任务书的问题，陈其周开始想办法解决护照的问题。他研究了当时出国办理护照需要具备的“硬件条件”，并按照要求一条一条把自己和自己注册的企业的条件按照要求“抠”成符合的。

就这样，已经40岁、当上了爷爷的他终于在1989年2月16日从北京踏上了前往美国的路。这是陈其周第一次出国，也是他第一次参加国际宝石矿物展览会，更是他第一次以参展商的身份展示自己手中的托帕石。

受各种条件的限制，陈其周在这次美国图桑国际宝石矿物博览会上的摊位是跟中科院东方科学仪器进出口公司的摊位拼在一起的。虽然没有独立的摊位，但是这次参展还是带给了他莫大的惊喜：他带去的托帕石在展会上销售一空。美国市场对经过辐照改色的天然托帕石（经过辐照改色的托帕石因未添加任何其他物质，在国际上仍被认定为天然宝石）认可度极高，出乎了他的意料，也为他打开了一扇窗，让他看到将宝石生意做到美国并不是遥不可及的梦想。

当时的陈其周并没有意识到自己做了一件多么了不起的事。他在无意中成了内地第一位在国外做彩色宝石贸易的珠宝商，此前活跃在国外市场的只有来自中国香港、中国台湾的珠宝商。

用专业与诚信，陈其周征服了美国的合作伙伴

弟们好”伴着他爽朗的笑声，总会先于他的脚步而至。只要有他在的场合永远不会冷场，他的大白话讲得诙谐流利，又极富辩证思维……

打拼在珠宝的江湖里，他用自己独特的勇、谋、义、德赢得了如今的江湖地位。

▶ 年永安之勇：果敢出击占据行业制高点

年永安有一双锐利而灵活的眼睛，这双眼睛中似乎蕴藏着极高的决断力与活力。这是不少人初见他时共同的感受。

事实上，年永安的性格中也确实有着极有决断力的一面，他自我调侃“身上有一种很二的精神，敢想敢干”。在他看来，“如果一个人做什么事都迈不开步子，那便什么事也干不成”。年永安的果敢出击，为金鑫珠宝书写下不少业界传奇。

1999 年，初入珠宝行业不足两年的民营企业金鑫珠宝，在年永安的运筹帷幄之下，落户洛阳上海市场百货大楼营业面积达 3000 平方米的珠宝卖场。在当时，这样规模的珠宝卖场不仅在河南是第一家，国内也不多见。

2003 年岁末，伴随着金鑫珠宝郑州二七广场友谊店的开业，年永安豪掷品牌推广费用，迅速将金鑫珠宝在郑州市场炒热，并带热整个二七商圈的珠宝商战。

2011 年，在质疑与赞许各占一半的目光中，与珠宝行业“若即若离”七载的他，豪气地在郑州二七商圈拿下大商正弘国际名店，开设 8000 平方米的营业面积做珠宝。要知道，如此大的一个珠宝卖场，仅仅货品的筹备就要投入上亿元的资金。当时，这样的出手在业界有些保守者眼中无疑是有些疯狂的。而这份大手笔还在年永安的手中继续挥斥着：他斥资上亿元在郑东新区打造了一家高端珠宝翡翠会所——金鑫珠宝翠钻宫；相继携手其战略合作伙伴大商集团郑州地区集团，在开封核心商圈、信阳核心商圈拿下三个物业……

一次又一次大手笔的运作，为年永安的“勇气过人”做出了最好的注解。随着时间的推移，年永安这些看似“冒险”的运作，被业界窥出了名堂：他每一次勇气过人的决策背后，并非意气之争，而是有着缜密的谋略支撑。在珠宝的江湖里，年永安在下一盘大棋——金鑫珠宝不仅仅要做珠宝品牌商，更要做行业内跑得最快的行销商。

可以想见，如果没有年永安的勇气过人，作为行业行销商，金鑫珠宝就不可能拥有根基如此深厚的销售渠道。

▶ 年永安之谋：快速布局打造珠宝业“国美”

一开始，年永安将大商正弘店拿下时，业内尚有许多人看不清其动作的意图，随着金鑫珠宝河南省内布局一点点地展开，年永安的一盘大棋也渐渐被业内人士看出些端倪。如今，金鑫珠宝的大旗插在了越来越多的城市：洛阳、郑州、开封、信阳、许昌、平顶山、南阳、商丘、周口……在这些城市，金鑫珠宝已经完成了深度布局，其行销的网络扎根之深，让人不得不感叹。学到了“国美”精髓又拥有庞大销售网络的金鑫珠宝，正在成为行业内无人能够撼动的大鳄。

这样的成绩，正是年永安谋略最好的证明。而取得这样的成绩，只是年永安谋略中的一个步骤而已。

“在我的构想中，金鑫珠宝未来就是要成为珠宝业的‘国美’，用庞大的专业性网络，打造独具吸引力的行业巨舰。我相信，当我只有 20 家店的时候，国际性珠宝品牌不会来找我合作，但是，当我拥有 200 家店呢？当我成熟的珠宝零售终端遍布河南，乃至全国呢？那个时候，金鑫珠宝的吸引力才能真正散发出来，优势才能明明白白显露出来。不仅如此，金鑫珠宝还要一步一步发展，并通过上市这一方式，实现更强劲的发展。”年永安这样解读自己对金鑫珠宝的规划与布局。

在他看来，随着市场竞争的加剧，越来越多的外来资本会相继进入珠宝市场，到那时，如果企业仍不能够与资本市场接轨的话，要么会被资本大鳄吃掉，要么就需要自己成为大鳄。“尽管被资本大鳄收购未必是件坏事，但是我相信对于每一个有想法的企业家来说，更愿意自己一手做成的事业在自己手中不断发展。”

年永安显然是有梦想的企业家。在他的带领下，不仅金鑫珠宝正在成为业界的航母，金鑫集团旗下的各个板块也在迅速扩容。以金鑫集团旗下的金融板块为例，诞生于 2006 年的鑫融基，用了短短 8 年的时间已成长为全省担保行业由政府出资引导、民营控股的第一大担保公司，全国民营控股的担保公司前三强。2015 年 5 月 12 日，在北京市金融大街丁 26 号的全国中小型企业股份转让系统，金鑫集团旗下的河南鑫融基金控股份有限公司终于敲下了自己的钟声，成功登陆新三板，晋身于国内主流资本市场。

▶ 年永安之义：携手兄弟同享事业的巅峰

年永安的梦想虽然很大，但正在他踏踏实实的干事中变为现实。在发展的过程中，身边有人用“善不带兵，义不守财”来提醒他。对于这样的提醒，他有着自己的理解：“恰恰相反，一个人如果不愿意善待跟随自己的兄弟，还有谁愿意一直跟随他？跟随的都是傻蛋不成？再说义不守财，一个人如果逮着谁都坑，还有谁愿意跟这个人共事？”

年永安是这样说，也是这样做的：跟着他打天下的员工，他素来大方以待。他口里叫着的媒体人、与他合作的珠宝商“兄弟”，他也如同对待兄弟一般对待这些人。他从来不装，也从不掩饰自己身上的草根气息，用他的话说便是：“一个假装正经的人与一个假装不正经的人，你觉得哪个更招人喜欢？”

上了酒桌的年永安，爱讲大白话，喝酒豪爽，不管白酒还是红酒，与人干杯后，就一整杯一整杯地往嘴里倒。酒桌上如此真，商场上同样如此。

这样“真”的年永安，爱交朋友，也很容易交到朋友，比如他与大商集团郑州地区集团总裁皇甫立志就是如此。2002 年，当时的郑州金博大购物中心把黄金自营业务交给了在洛阳发展得风生水起的金鑫珠宝，双方负责人年永安和皇甫立志相识并成为朋友。正是有了这份惺惺相惜的情分在，2012 年，大商正弘店与金鑫珠宝的合作，从秘密谈判到 6 月 20 日正式签约，只花了不到一个月时间。而大商集团与金鑫珠宝的这次“闪婚”不仅助力金鑫珠宝借大商销售网络快速发展，也帮大商借金鑫珠宝的专业经验打造了全新的经营模式。

▶ 年永安之德：持之以恒凭本心做善事

在年永安身上，不仅有着对待合作者的兄弟之义，更有一份心怀善念的仁德。他的这份本心之善，不是一时半刻的心血来潮，而是一坚持就是十几年。

早在 1999 年，年永安的公司规模还算不上大的时候，他便拿出 10 万元参与“春蕾计划”，捐助了 100 名失学女童，只为被那句“不要让未来的母亲愚昧”打动。

除了关注失学女童，2002 年起他的企业还与洛阳市妇联联合成立公益婚恋服务中心，无偿帮助未婚及离异男女寻找伴侣。如今，每年的“牡丹花开幸福来万人公益交友大会”被列入洛阳市花会期间的重要活动项目，而这个项目每年都需要金鑫集团投入几十万元。

1999 年，年永安就投入 10 万元参与“春蕾计划”，捐助了 100 名失学女童

2009 年 12 月 30 日，金鑫集团董事长年永安自筹资金 500 万元成立了“河南省金鑫爱心教育基金会”，旨在凝聚社会各界的爱心力量，援助贫困大学生和失学少年儿童，弘扬爱心助教精神，积极推动社会公益事业，促进社会和谐、健康发展。聚爱于心、助困于行，金鑫爱心教育基金会自成立以来，已捐款 870 万元，资助学生近 5000 名。

据金鑫珠宝工作人员粗略统计，十余年来，年永安及其企业在努力将企业做大做强的同时，也热心回报社会，先后资助贫困学生，为贫困地区捐助建校费，购买课桌、学习用具，为社会公益事业、抗震救灾、文化体育事业等累计捐资近亿元，获得了良好的社会效益。

从一件件的扶弱济困的善举来看，年永安颇有“大侠”风范。而在年永安眼中，做这些善事，只是因为自己有能力做这些事，出于本心而已。

记者也试着探寻年永安做慈善的理由，却在探寻理由的过程中听到这样一个故事：年永安年幼时，家中并不宽裕，即便如此，有乞讨的老者登门乞讨时，他的母亲不仅为老者舀上一勺面，更在老者临出门时专门拿一个馒头送过去。这些来自家庭朴素的善念的传递，对年永安的影响有多大，已经不得而知。如今，能够看到的便是年永安真实做出的那些善举，改变了一个又一个原本陷于困境的人的命运与前途。

【对话年永安】

记者：年总，在外界看来，您无疑是个成功的企业家。能不能谈谈您怎样理解“成功的企业家”？

年永安：成功不成功是大家说的。在我的内心，更推崇伟大的企业家。什么是伟大的企业家？伟大的企业家必须具备高尚的人格魅力和真正的素养，具有自己独特的价值观，有精神层面独特的理念与追求，能从精神上积极影响他人。正如联想的柳传志，他的一生从小兵到将军，占有的财富不多，拥有与掌控的财富却很多。这样的人，称得上伟大的企业家。这也是我的奋斗目标。

对于所有企业家而言，这一生在做的事都是为这个社会创造财富。记得当年收购洛阳上海市场百货大楼成功后，很多人议论说：“上百”现在是年永安的了。其实，在我看来，我不过是“上百”的管理者，做的是带着这一批人将事业做成，为大家赢得更多，仅此而已。无论我的企业旗下产业有多少，再过若干年，这些财富最终都将是整个社会的，而非某个人的。

记者：年总，作为白手起家的创业者，您建议现在的大学生是毕业后自主创业好，还是继续深造好呢？哪种方式更容易成功？

年永安：是先结婚再恋爱好，还是先恋爱再结婚好？父母的年代，先有婚姻再恋爱，一样有很多人幸福一生，白头偕老；现在的社会，先恋爱后结婚，离婚率依然很高。在我看来，遇到什么样的机遇便做出什么样的选择才是最正确的。

第三章

与时间赛跑，跑出独特的精彩

【年永民名片】

年永民，年永安幼弟，金鑫集团执行董事、金鑫珠宝集团董事长，学财务出身，一手构建了金鑫珠宝的财务体系，推崇深入浅出的财务理念，并在企业内提出“人力资本”概念，珍惜并尊重企业的每一位优秀的人才。

【年永民写真】

在河南珠宝圈里，他与兄长是耀眼的双子星；在日益庞大的金鑫“帝国”，他与兄长是互补而默契的最佳拍档：兄长性格豪爽直率，富有冒险精神；他性格内敛沉稳，长于稳打稳扎。

第四章

草根闽商传奇逆袭

【陈美峰名片】

陈美峰，生于有榕城之称的福州连江县，却将河南作为其创业的大本营，并因此被圈内视同本土珠宝商。

陈美峰一手创下的香港金美福珠宝首饰（集团）有限公司，在业界颇负盛名。除了香港金美福珠宝首饰（集团）有限公司董事长、郑州金美福珠宝有限公司董事长的角色外，他还有这样几重身份：河南省新郑市政协委员、河南珠宝玉石首饰行业协会副会长、中国宝石协会常务理事、郑州市福建商会副会长、郑州海外侨联顾问。

【陈美峰写真】

谦和、儒雅，这是与陈美峰接触过的人对他的普遍评价。

事实上，从陈美峰一路创业的历程看过去的话，你会发现，他的谦和、儒雅背后，还有着历尽磨砺的坚韧不拔、饱经世事的成熟稳重与久经商海沉浮的睿智。

他的创业经历，本身就是本耐读的书，对于当下的年轻人尤其是创业者，或许是最好的励志指南；他的人生选择，本身就有借鉴意义，对于当下的年轻人尤其是创业者，有着积极的导引价值。

▶ 怀揣梦想，创造机会改变命运

如今的陈美峰，无疑是一个成功的企业家。他并非含着金汤匙出生的“富二代”或“官二代”，而是不折不扣的草根出身。他出生于福州连江县一个普通家庭。年少时，他的内心就萌发了一个心愿，那就是通过打拼与努力改变自己的命运。

为了这样的目标，1993 年，年仅 17 岁的陈美峰做了一个决定，走出福建寻找发展的机会。为了掌握一技之长，他先后在大连、烟台等地学习打金技术。同样是做学徒，陈美峰在学技术的同时常常思考如何离自己的目标近一点再近一点。

尽管在当时打金师傅的收入还算可观，但是他更期待通过自己的技术与智慧开创更广阔的人生舞台，他不想一辈子做个打金师傅。两年的学徒生涯里，当别人拿着收入享受更好生活的时候，陈美峰却在省吃俭用，为自己创业积攒宝贵的原始资本。

▶ 因为爱情，扎根河南搏击市场

1995 年，因为爱情，也因为自己的创业梦想，陈美峰选定郑州作为他事业的舞台。经过一番仔细的市场调查与分析，市场嗅觉敏锐的陈美峰深信，在郑州从事金银业，自己天时地利人和优势俱备：河南人口众多，黄金消费力强，且素有黄金消费的习惯；河南的金矿很多，有得天独厚的先天优势；自己经过两年的学艺，手艺已相当纯熟。

在稳妥的谋划后，陈美峰用积蓄租下店面，开起第一家“金大福珠宝商行”。当时的这家金大福珠宝商行主要的经营业务是从山东批发市场进货，做红蓝宝石镶嵌。就这样，陈美峰迈出了创业致富的第一步，并用两三年的时间淘到了第一桶金。

1997年，手里小有资本的他决定将自己的事业推上一个台阶。这一年，他选定了爱人的家乡新郑市作为二次创业的起点。

拿定主意后，经过一番实体打探与比较，他圈定同年新建的新郑炎黄广场附近的一家店面。在他看来，毗邻新郑的城市休闲广场，人气有了；开设200平方米的金店，体量有了；有了必备的硬件条件，申请特许经营黄金首饰执照的条件有了。就这样，1998年，陈美峰顺利拿到了黄金制品零售业务许可证，站在了新的财富路口。同时期，与陈美峰站在同样发展起点的珠宝商，放眼河南，两只手就能数得过来。

在当时特定的大背景下，始终坚持循序渐进、稳打稳扎经营思路的陈美峰，在2002年迎来了自己事业的新台阶。

2002年，抓住我国取消黄金制品零售业务许可证管理制度，实行核准制的这一契机，陈美峰在原有零售金店的基础上，于郑州二七塔的南侧开设了第一家主做批发的金店，并成立了批发贸易公司，开展黄金首饰的批发业务。

也是从这一时期开始，陈美峰的企业正式开始“两条腿走路”，奠定了未来发展的基本框架：一方面，以香港金美福为轴线，发展自营专卖店及专柜；另一方面，以金翠福品牌为主，专做批发业务。

在这样一轮快速发展中，从一家店、两家店、三家店到如今的数十家店，从最初的红蓝宝石镶嵌业务，到后来的黄金零售、黄金批发，再到如今的黄金、翡翠、钻石、K金、铂金、钯金、金镶玉业务均有涉足，陈美峰离自己的人生梦想越来越近。

除了引入的香港金美福这一品牌，陈美峰还先后将周大生、上海亚一、金大福、嘉华珠宝、梦金园、山东黄金等知名品牌纳入麾下。巅峰时期，陈美峰的业务以郑州为核心，逐渐覆盖到全省范围，河南有2000多家金店加盟他的公司或在他的公司批发货物。

▶ 以诚为本，赢得合作赢得地位

一路行来，陈美峰有时会说，自己很幸运。仔细探究，不难发现，陈美峰的幸运并非偶然。从业近二十年，陈美峰的企业没有跟任何一个零售商或顾客有过纠纷。也正是凭借着这份好口碑，陈美峰的路走得才会如此顺畅。

谈到诚信这个话题，陈美峰最常说的就是，诚信是无价的，尤其是人跟人之间的诚信，很脆弱也很珍贵。珠宝行业更是如此，售卖的是贵重商品，企业家的人品在很大程度上奠定了企业发展的走向。只有有了诚信，才会有合作。

无论是在金美福珠宝的直营体系内，还是在金翠福的批发体系内，陈美峰自公司创立以来始终秉持“诚信为本”的理念。

在互有诚信的基础上，他为加盟商提供担保，需要发展的加盟商，只要条件符合，经过既定的程序申请，就能获得 100 万元至 260 万元的资金支持。不仅如此，他的公司还规定，同类品牌，加盟商可以享受在河南境内免费调换的服务。这种诚信经营的品质，不仅为公司带来了更多的客户和利润，更树立了陈美峰及其公司的良好形象。

如今的陈美峰在人们眼中是不折不扣的成功人士，但他谦虚、低调的姿态从未改变。他总是强调：“自己能有今天，离不开客户、伙伴、员工们的支持。没有客户的信任，我的事业将举步维艰；没有合作伙伴的支持，公司将孤掌难鸣；没有全体员工的合作，公司将是一具空壳。”

陈美峰把公司与客户之间的关系定位为合作关系，以合作的心态为顾客提供优质的产品和服务，以“互利共赢”的理念促进与经营伙伴的合作，这种开放式的合作理念，也为他赢得了合作伙伴们长久的支持与信任。做好一个珠宝企业，陈美峰最看重的是珠宝的品牌价值。他表示，珠宝品牌的价值，需要从三个方面来体现，即员工、服务、产品。“一个珠宝企业，要想体现品牌价值，首先是要为员工提供良好的就业环境和发展平台，体现出员工的价值。”在公司内部，他坚持人性化管理，促进员工与企业共同发展的模式，每年拿出 25% 的利润作为员工奖励。陈美峰说，他们的员工在金美福都有股份，而且与员工的工龄和贡献紧密结合。这样，金美福圈住了许多优秀的员工，他们能够积极而专心地做好本职工作，并且积极提升自己的发展空间，实现自身利益最大化，最终使自身价值得以完美体现。

▶ 不断思索，做企业思想领导者

在金美福公司内部，高管与员工最常听到陈美峰的一句话就是：我不是老板，我只是你们的思想领导者。公司是大家的共有体，我就是大家的常年顾问。

“现代企业，本身就不是某个人的。比如香港金美福，是 1992 年在香港注册诞生的，注册之初就是股份制，现在也是。作为董事长在运营中不应该仅仅考虑我想做什么，而是要考虑怎样让股东们的收益更稳妥、更好，让高管与员工在这里获得更好的薪水、福利与发展。”陈美峰谈到这个话题，心态极为开放。

在陈美峰这样开放的心态下，公司五大部门的每个负责人都比他更像老板。在获得充分的授权后，这几位负责人与他们的团队迸发出了超强的创新能力与工作激情。

为了做好自己口中的思想领导者与常年顾问，陈美峰还是很拼的。踏足珠宝行业十几年，他依然每年都会抽出时间去参加各种优秀的行业交流会，近年来更是一有时间就会参加同行业的发布会、研讨会、周年庆等活动。从开始从事这个行业，陈美峰就始终关注市场的走势，研究市场的发展行情。这种不断学习的良好心态和习惯，让他总能摸准风云变幻的市场“怪脾气”，抓住转瞬即逝的良机。也正因如此，他才能在中国第一波钻石升值和第二波铂金升值以及随后的黄金热潮中，充分把握机遇，为事业的进一步发展奠定了良好的基础。

▶ 热心慈善，尽己力传递正能量

如今，陈美峰的企业发展日益稳健。在稳健发展的过程中，陈美峰一直低调地做着慈善公益事业，承担着更多的社会责任，尽力传递着正能量。

自 2001 年开始，他就经常在新郑开展扶贫工作，走访慰问困难户、敬老院、福利院等，为他们捐钱、捐物，让他们感受到了浓浓的暖意和温馨。直到现在，他依然每年都会抽出时间去看望这些老人、孩子，聆听他们的心声，提供自己力所能及的帮助。在汶川地震、玉树地震等多次自然灾害面前，陈美峰都带头组织员工捐款，为灾区人民献上他们的爱心。

2013年9月，金美福珠宝联合河南省“希望工程”办公室启动了“入学之路我帮你补上那一步”大型贫困生助学活动，金美福出资10万元，资助考取本科一批高校的20名寒门学子。

陈美峰也从来没有忘记回馈故乡。尽管从1993年就离开老家“打天下”，工作繁忙的他平时很少有时间回去，但他无时无刻不牵挂家中的亲人。在事业成功的同时，他不忘回报生他养他的故乡和亲人，先后多次捐赠钱物，为家乡修公路、建祠堂。

陈美峰直言：“之所以我一直以来热衷于慈善事业，是因为在我看来，现在我的这些所谓的成就是社会赋予的。人要学会感恩，我现在只是做一些力所能及的事来回馈社会。”

【对话陈美峰】

记者：作为企业的董事长，您认为企业在发展中最需要把握的原则是什么？

陈美峰：负责，为股东负责，为企业成长负责。这里我要说的负责，不仅仅是承担责任，更多的是要把握好一个基调，那就是做决策、做运营一定不要“赌”。企业有100万元的盈利就按照这个阶段企业的发展规律做规划，企业有1000万元的盈利就按照这个阶段的发展规律做规划，顺应市场规律，循序渐进地推进企业成长。

记者：您的企业正处于上升发展期，您怎样平衡事业与家庭的关系？

陈美峰：我平时因为工作的需要，出差还是挺多的。但是只要我不出差，忙完一天的工作，我一定会回到家里，陪妻子、孩子聊聊天、散散步。事业与家庭，都是我人生中非常重要的组成部分，哪个我都看得很重要。

第五章

务实就是大智慧

【陈保国名片】

陈保国，河南一心珠宝有限公司董事长，已过不惑之年才进入珠宝行业的河南本土珠宝商。一心珠宝不注册自己的品牌，却以珠宝中间商的身份将老庙黄金、中国珠宝、百泰首饰、周六福、金叶珠宝、中金一品等众多在国内叫得响的珠宝品牌纳入其批发、加盟的体系。

【陈保国写真】

2014年，恰是陈保国的花甲之年。与正值壮年的珠宝商相较而言，他的身上少了几分锐气，多了几分人情练达的通透与内敛。

跟他对话，他的语言很简洁，极少使用形容词与拟声词，说话的风格颇有几分军人的感觉；他的办公室明亮、宽敞，装饰品很少，用他的话说，办公室就是工作的地方，摆的其他东西多了容易“分神”；他的生活很规律，下午 6 点以后极难约到他，因为他雷打不动每天下班跑步 100 分钟，且坚持了 4 年……

这样的陈保国，很容易让人与走集约发展之道的一心珠宝对上号。

▶ 不惑之年，换种思路下了海

1997 年之前，陈保国是国有企业的职工，在供销社过着平淡的日子，直至国有企业改制。面对国有企业改制带给自己的思想冲击，陈保国觉得中国的政治、经济正在迎来新一轮的巨变，如果抓住了，也许平淡的生活就会变得完全不一样。就这样，1998 年，离开工作了 20 多年的供销社，他跟朋友一合计，决定合伙下海。

既然下海，自然要选择项目。在选择项目的时候，在供销社干了 20 多年的陈保国商业嗅觉很灵敏，他从朋友到人民银行买黄金首饰得排队这个细节，捕捉到珠宝行业的潜力。确定了经营的品类后，他开始筹备开金店的各项事务。

1998 年，我国实施的是黄金制品零售业务许可证管理制度。这就意味着当时想要从事黄金制品的销售是有门槛的。这个门槛就是必须先取得黄金制品零售业务许可证，不是选好经营场地、准备好资金就可以的。

想要拿到这张黄金制品零售业务许可证，当时的难度非常大。陈保国想到了“曲线救国”的办法，那就是挂靠持有黄金制品零售业务许可证的公司，先迈进珠宝销售的门槛再说，毕竟搏击商海，不仅要拼实力，更要拼速度。

解决了黄金制品零售业务许可证的问题，已过不惑之年的陈保国正式下海，开始了自己的创业生涯。

比年轻的珠宝商更有阅历的陈保国，避开郑州市区，选择在巩义与禹州开金店，理由有三：一是这两个县级市，分别是郑州地区与许昌地区经济最为活跃的，居民稳定，市场容量也不小；二是按照自己的投资规模，在县级市开店比在郑州市更有竞争力；三是这两个县级市到郑州的距离不到 2 个小时的车程，进货方便且在当时的背景下当地的顾客又大多选择在本地消费。金店开业后的市场表现，果然证明了他眼光的老辣。

谈到自己下海创业那些年，陈保国总结说：“跟年轻人不同，我在自己 44 岁这年开始下海，时光留给我最好的财富是经验与务实。在我的内心一直绷着一根弦，那就是在我这个岁数创业，一旦失败再想爬起来就很难了。所以，每做一个决策，我都会提醒自己，任何时候都不要投机、不要冒进。”

▶ 打持久战，渐渐做出金招牌

陈保国似乎更习惯打有把握之仗，2001 年年底，确定珠宝批发政策放开这一信息后，他决定赶上这股难得的政策之风，到郑州开公司，申请珠宝批发的执照。

2002 年，陈保国带着包括他在内的四个合伙人凑的 200 万元跻身黄金批发的行列。尽管对于普通家庭来说，200 万元已是一笔巨款，但是对于珠宝批发生意来说，200 万元在当时意味着即便是拿着全部现金到深圳采购，也只能带回来 20 千克黄金首饰。

如何用最经济的成本将生意做好？生活阅历丰富的陈保国再次“精算”：黄金批发生意集中的郑州南下街租金成本太高，那就选择距离南下街不远的郑州书画院的办公楼；生意初做，办公地点客户不好找、固定客

陈保国与品牌代言人翁虹，共话爱出彩品牌

户少，那就提高员工待遇，鼓励员工给批发客户送货上门……就这样，打拼了 4 年，陈保国带着七八个员工硬是在黄金批发这个圈里做出了名气。

2006 年，陈保国带着一心珠宝的整个班子，搬迁到距离原办公地不足 3 分钟路程的福华大厦。这时候的他发现，珠宝批发市场正在悄悄发生着变化，以前顾客批发的时候只看黄金纯度、克重、款式，现在越来越多的顾客会问有没有什么什么牌子的黄金。

捕捉到这一市场变化的陈保国，开始扎到深圳去找口碑最好的工厂谈合作。在深圳做黄金生产的企业里，周桃林的百泰工厂制作的黄金首饰款式好、成色足，但是全国各地找上门要跟周桃林谈合作的企业太多了，一心珠宝优势并不算突出。

陈保国约到周桃林后，开门见山，谈判桌上该有的虚话一句也不提，就是跟周桃林聊天，聊自己对黄金首饰的看法，聊自己对黄金批发市场的判断……就这样，陈保国的这份实在劲儿打动了同样要做实事的周桃林，一心珠宝与百泰达成合作。

现在回忆起那段经历，陈保国总结说：老实人，天不欺。实际上，跟一心珠宝合作好多年的批发客户也都知道，这句话正是陈保国的为人处世信条。

一心珠宝作为珠宝中间商，面对批发客户有这样一条定价原则，那就是定价透明：无论是大客户还是小客户，无论是新客户还是老客户，一心珠宝都不会“黑”一把；无论是零售环节高利润值还是低利润值的珠宝，一心珠宝都按照固定比例加上微薄的利润做批发。

看起来不复杂的透明化定价，背后透着陈保国为人的实在与作为商人的通透，也吸引着越来越多的河南各地前来郑州批发黄金珠宝的珠宝商与一心珠宝长期合作。

▶ 二次创业，不仅为自己而拼

2013 年，伴随着黄金市场一次又一次的震荡，整个河南省境内的珠宝商都感受到了来自零售终端的销售压力。这样的市场表现，对于拥有庞大批发客户基础的一心珠宝来说，集中的表现就是业绩的增长无力。

感受到来自市场的寒意，陈保国最大的压力不是物质上的，而是精神上的。他想得很深：当整个珠宝市场竞争加剧时，自己作为私营企业主，无论是再拼一把，还是激流勇退，在物质方面都已没有后顾之忧。但是，自己激流勇退了，跟着一心珠宝做批发的上千个珠宝商怎么办？公司的员工怎么办？

“自我下海以来，我接触过上千个大大小小的珠宝商，大家都是忙碌多过休息，其中绝大部分人即便现在停下来休息，在生活上同样没有经济方面的压力。但是为什么大家都在拼？既然做了企业，肩上就有这份责任，不仅要为自己而拼，还要为带着员工一起过上更好的生活而拼。”交流中，年届六十的陈保国笑谈：褚时健年近80岁还在二次创业，我还年轻，更要有二次创业的激情。

工作中的陈保国很务实，可他的思想并不传统，他对各种新的营销方式都有着高度的了解、学习的热情。用他的话说：“在这个瞬息万变的时代，光凭老经验做事肯定不行，尤其是在行业低迷的时期。”

在陈保国办公室的落地窗前，有一张朴素的茶台。他喜欢跟下游的珠宝批发商坐在这里喝喝茶，交流交流经验，并很潮地把这种交流称为“头脑风暴”。

陈保国透露了这样一个秘密：这么多年来，他之所以总能掌握到最新的市场动态，并非由于自己多有创造力，而是通过交流。他在获取到来自市场一线的信息后，会让其悄悄在脑中发酵，把好的想法整合在一起。而这些经过发酵、升华、整合的营销思想，则会在交流中带给更多合作伙伴多一点的启发。

这样的陈保国，有时候会显得很“in”（流行）。与年轻员工交流沟通后，他支持员工在一心珠宝的体系内植入“掌上珠宝店”的线上商城批发系统。如今，通过这个系统，一心珠宝的下游珠宝客户，只要点开掌上珠宝店的APP（智能手机的第三方应用程序），就能即时掌握一心珠宝最新的珠宝商品的信息。

▶ 调整状态，简单是最好的享受

走近陈保国，你会发现，他是一个挺矛盾又挺有智慧的人，在他的身上，为人的实在与作为商人的通透这两种特质，矛盾而和谐地统一着。

虽已年届花甲，他身上却始终保持着创业的激情与学习的热望，又有着丰富阅历沉淀后的沉稳处事……

跳开工作再看陈保国，你又会发现，这是一个很简单的河南爷们儿。工作之外的他对生活的要求简单而朴素。如果没有必要的应酬，下了班，他就会关掉手机，到健身房跑上 100 分钟，然后到家后喝上一碗最家常的面汤。他不爱上牌桌，不爱打麻将，似乎也没有特别的爱好。只是随着年纪的增长，他的夫人劝他动一动，免得随着年纪的增长“骨头僵硬了”，他才培养了一项勉强能称得上“爱好”的爱好——跳交谊舞。在学跳交谊舞的过程中，他又表现出自己执着的一面，像个年轻人一样，下了班就认认真真学跳交谊舞、练习交谊舞。如今的他，交谊舞跳得已像模像样，跟着节奏甚至颇有几分流畅之感。

陈保国还特别分享了他的经验之谈：“生活也好，工作也好，最简单的一定是最好的。而将简单的事做好做稳妥，这本身就是一种大智慧；将生活过得简单而宁静，这也是一种通透的生活智慧。”

【对话陈保国】

记者：当代社会，想要创业的人非常多，但并非每个人创业都能成功。您有没有什么成功宝典可以分享？

陈保国：每个创业成功的人都有自己独到的生意经，这是很难复制的。但是我想能够做成一件事，每个成功的人都会具有一项品质，那就是坚持。市场的变化是随时存在的，如果做不到面对市场波动波澜不惊、持之以恒，谈成功就有点远。当然，想要成功还要记住一点，创业一定不能靠“赌”来搏市场，所有的决策一定要建立在对政策、市场、自我能力的正确评估之上。

记者：您觉得怎样的企业主才算是合格的老板？

陈保国：怎样才算合格的老板？这个问题我没有考虑过。但是在我看来，老板与公司中的其他成员相比，只是先走出一步的人。有了这样的认知，就很容易与员工相处好。在企业里，好的老板一定不会把自己的位置放得高高的，也不会只管自己挣不挣钱，更不会事事抓在自己手里。

第六章

草根逆袭，闯出璀璨人生路

【马忠名片】

马忠，生于河南、长于河南、打拼于河南的本土珠宝商，中原首家珠宝品牌孵化基地中原珠宝城的董事长。如今，他构建的中原珠宝城已成为辐射河南省内及周边多个地区的珠宝批零基地，为一批中小珠宝品牌提供了适宜的品牌孵化环境。

【马忠写真】

马忠是个标准的河南草根，既没有深厚的背景，也没有雄厚的财力。

2003 年，他揣着 4 万元进入珠宝行业创业，硬是凭着自己敏锐的市场触觉与好人缘，一路打拼，收获了今日的成功。

从草根到大亨的完美逆袭，这是马忠书写的奋斗传奇。

▶ 河南草根，靠着勤奋白手起家

生于 20 世纪 70 年代的马忠，头脑活络，能吃苦。26 岁那年，他带着 200 元离开家乡焦作到郑州创业，摆过小吃摊，打过工，做过皮具生意。这是马忠投身珠宝行业前的人生履历。那时候的马忠，就像我们身边大多数草根一样，没有深厚的背景，没有雄厚的财力，但是他又与大部分草根不同，他的内心有着澎湃的创业激情与渴望向上的奋进精神。

1999 年的冬天，马忠开始接触黄金首饰业务。那时的他，在师傅的带领下开始在郑州跑黄金业务。当时，他并不清楚自己赶上了珠宝业怎样的黄金时期，只是凭直觉想要抓住难得的机遇，为自己创业积淀经验和资金。

马忠回忆说：“那时候，真的很拼。市场环境也好，只要你卖的黄金质量好、价格合适，多跑几家就能推销出去。我几乎每天都在长途汽车上度过，那两年车上小偷还特别多，一上车就得高度警惕，在六七个小时的长途车上，从不敢打个瞌睡。”当时，想创业、肯吃苦的他，不仅一趟又一趟跑遍郑州市区，更是跑遍郑州郊县与周边县城的各个乡镇。

靠着这份勤奋，2003 年，马忠不仅攒下一笔创业的钱，还积累了一批客户资源。也是这个时候，他拿出自己仅有的 4 万元积蓄进入珠宝行业创业。

那时的他，受资金限制，只能“蜗居”于郑州某个偏僻的都市村庄里努力地打理自己的“小生意”，手中数量并不算多的铂金、钯金与钻石首饰就是他当时的全部家当。为了让自己的货品时尚度更高，手中没有太多钱的他只有用勤奋来弥补，通过勤进快销这种方式来尽可能地满足客户的需求，因此他每个礼拜都要坐 16 个小时的火车去深圳进货。“车上没有座位，我就在过道里铺张报纸。”如今，忆及创业初期的艰辛，他仍记忆犹新。

▶ 乐于吃亏，赢得朋友赢得商誉

回忆起创业初期的情景，马忠感叹说：“揣着 4 万块钱创业的时候，我的起点比同行业的其他人要低，那时没有想到自己在行业内会收获今日的成绩，只是简单地攒着劲儿，想把自己手里的珠宝生意做好，能赚多少钱先不说，但是一定要有个好口碑、好人缘。”

2004 年，铂金卖得最火、常常断货的时候，朋友的朋友想买，马忠就不挣钱卖给对方；事业越做越大，两次变更公司地址的时候，身边的朋友想低价购买他公司的货柜，他知道后，直接将货柜送给对方……他的这些举动，虽说吃了小亏却打动了很多人的心，也收获了很多朋友。如今，这些朋友常常会跟马忠一起喝茶聚会，也常常会跟马忠在生意上进行合作。

因为马忠的“乐于吃亏”，还传出一段佳话。当时，马忠的一个关系户给他打电话，告诉他有个朋友急着要一只钻石耳钉，问了很多批发商，人家一听需要将一对钻石耳钉拆零，觉得吃亏，就都不愿意出货，问他愿意不愿意帮忙。马忠接到朋友电话后，想了想，觉得尽管这件事自己做了会吃点小亏，但是“谁没有个作难的时候，要不是人家实在遇到为难事儿了，会来找咱这个小商户帮忙？”他很爽快地拆了一对钻石耳钉，将其中一只平价卖给了对方。这背后，马忠相当于直接报损了一只钻石耳钉。就在他以为自己办的这件吃亏事儿已经过去的时候，这个关系户把那位朋友介绍给了马忠。而他结识的这位新朋友，在之后帮了他一次又一次。现在，马忠想起来，还会觉得这个事儿很有戏剧性：“我本是无心之举，却因为一件小事儿收获了一份珍贵的友谊。由此可见，老人常说的吃亏是福是多么正确。”

事实上，马忠会做出这样的举动，并非偶然。之所以“吃亏是福”的理念会融会在他创业道路上，与他受父亲朴素观念的影响有关。马忠的父亲是个传统的中国式农民，做事踏实，对待家人有责任心，很争气也很要面子。在马忠的记忆中，从自己小时候起，家中的生活就算不上宽裕，尽管父亲很努力地打理农活儿，也会外出打工，但是在当时的社会环境下，却很难获得丰厚的收入。即便如此，乡里乡亲的，不管谁家有事儿，需要父亲出力或出钱，父亲也都不会犹豫。

“父亲常常告诉我们几个子女，乡里乡亲要多帮衬，而他也是这样做的。”马忠回忆说，“在父亲的观念中，乡里乡亲的，谁家遇到点难事儿都是不可避免的，帮别人，其实也是在帮自己。也正是父亲的言传身教，使这种观念早就成为我为人处世的信条之一。在我看来，吃亏是福还有一层含义，那就是任何时候都要诚信，哪怕是自己吃亏。”

在这样的观念引导下，马忠曾被合作的银行表彰过。一次进货，40 万元的货款已经刷过去了，但是马忠卡上的钱没少。他就给银行打电话说明了这件事，银行解决了问题后，专门为马忠和他的企业开了表彰会。

▶ 扎根河南，打造品牌孵化基地

正是凭借着这份诚信积累下来的好人缘、好口碑，2008 年，马忠带领的中鑫珠宝因出色的口碑、规模和团队，被中国黄金集团授权为河南的唯一总代理，他的事业自此驶上了发展的快车道。

从事珠宝行业的时间越久，做黄金珠宝批发生意越久，马忠先生心底这样一个声音就越强烈：国内珠宝交易中心，南有深圳水贝珠宝市场，北有北京五环珠宝城，唯独在中部，尚没有一个能够挑起大梁的珠宝交易市场，郑州成就了一个又一个不同行业的批发贸易中心，为什么不能成就一个大型的珠宝交易中心？

马忠代表中原珠宝城签约，中原珠宝城成为郑州信息科技职业学院宝玉石专业就业实习基地

在他看来，河南珠宝行业并不缺乏能人，也不缺乏天时地利，缺少的只是一个品牌孵化中心。这样一个品牌孵化中心，尽管根植于河南，却能有力推动国内珠宝行业从“中国制造”转变为“中国创造”。奔着这样的目标，历时三四年，马忠踏遍国内多个省份，走出去推广河南珠宝，引进来一个又一个特点鲜明的珠宝品牌入驻中原。

“河南人的钱、中国人的钱，为什么非得让洋品牌或是傍着其他国家的所谓洋品牌挣走？”马忠在这样一种想法的指引下，2011 年，在紫荆山路和东大街交会处，打造出了中原珠宝城这样一个本土珠宝品牌的孵化基地。

关于中原珠宝城对于珠宝品牌孵化的推动，业内还流传着这样一个段子：2013 年，国际金价首次下跌的当天，作为中国黄金分析师，马忠就敏感地捕捉到这一金价波动背后的市场价值。他紧急组织中原珠宝城内做黄金首饰的商家开了个短会，向大家讲解了国际市场、国内市场金价的走势，分享了自己捕捉到的市场动态。在马忠“打开门”式的经验分享下，中原珠宝城内主做黄金首饰的众多商户在这一轮的国际金价下跌潮中，合理调整黄金首饰的存货量，调整黄金首饰的零售价、批发价，在国际金价下跌的情况下，最大限度地挽回损失，甚至小赚了一笔。

事实上，只要能推动孵化中原珠宝城内的珠宝品牌与企业，马忠都会尽力去做。在他的牵头下，中原珠宝城与多家银行达成合作，由中原珠宝城为商家提供相应的资信证明，由银行为入驻商户提供小微企业金融扶持。

如今，中原珠宝城已经有数百家本土品牌入驻，这些品牌也渐渐成熟，成为行业新的本土力量。这些本土力量的日渐茁壮，不仅影响周边数省酝酿着一场黄金批发战，改变着不同珠宝品牌的市场占有量，也为越来越多的市民提供了价格更为优惠的珠宝。

▶ 建言行业，打造更广阔的舞台

在马忠眼中，面对越来越残酷的行业竞争，本土珠宝品牌不仅需要在本土萌芽成长，更需要走向更大的舞台。而想要达成这样的目标，就需要为这个行业注入更多创意，并用创意点燃行业梦想。

关于这个舞台的构建，马忠的思路很活跃。他提出，河南珠宝圈可以尝试着借鉴下“七彩云南”的模式。“要学习七彩云南，不能照搬。现在的七彩云南，混搭旅游和珠宝两个行业的思路是没有问题的，但是缺乏诚信的做法是不可取的。”马忠如是分析。

在马忠的构想中，如果能将商城遗址、城隍庙、文庙和与其毗邻的珠宝批发市场与中原珠宝城整合在一起，形成融古玩交易、红木交易、字画交易、珠宝交易及餐饮娱乐为一体，既有购物乐趣又有文化气息的旅游强线，不仅对于宣传河南形象有好处，对于河南珠宝行业走向国内市场乃至国际舞台也有着极强的推动作用。

“在这样的过程中，不仅需要在营销中对河南深厚的文化底蕴进行挖掘，也需要坚持诚信。唯有如此，这条新的旅游线路才会成为国内叫得响的旅游购物名片，为河南增色添彩。”马忠先生如是描述。

马忠先生在胸怀大志之外，也有一些“小”情趣。针对中国社会即将面临的老龄化时代，他产生这样一种构想：投入资金，在不久之后打造一个“老年文化娱乐俱乐部”，为老年人义务提供文化、娱乐、休闲的场地，让河南的老人拥有一处精神家园。“毕竟，人生自古谁无老，今天为老人们做的事，明日享受到福利的人群中，也许就有自己。”

【对话马忠】

记者：作为一个成功逆袭的本土草根，您对创业的年轻人有没有什么建议？

马忠：中国文化讲究“舍得”。什么叫舍得？有舍才有得。当下快节奏的商业生活中，许多年轻人创业激情有、创意有，却总觉得距离成功差了那么一步。为什么？没有悟到舍得的精髓。选择创业的品类，不要什么都想做，认准一条，这是舍的智慧，也是选择的智慧；做事做人，学会分享，学会放手一部分利益，这也是舍的智慧。

记者：您觉得作为成熟的企业家，最需要具备的品质是什么？

马忠：做有良心的人，办有良心的事，说有一是一的话。

牌在河南市场上规范管理工作的推进，一方面强化周大生河南分公司团队的培训、服务技能与考核，另一方面不断做深入周大生在河南市场的营销。

2014年，经历了4年时光沉淀的周大生河南分公司，在周日升眼中，是时候迎来新的突破了。他将一个大胆的想法提了出来：从2014年7月1日起，在周大生河南分公司启用全新的代理模式，推进周大生河南运营中心与代理商并存的新运营模式。

“经历了从2000年至今的发展，周大生正在进入一个平台期，如何缩短周大生停留在平台上的时间，带着周大生突破瓶颈，迎来新发展？当市场竞争越来越激烈与残酷的时候，如何在河南这片区域市场上集合周大生品牌的爆发力？我认为，启用代理模式是个不错的选择。”周日升这样解读。

他直言，新的代理模式可以帮助周大生快速借助代理商成熟的培训团队，为周大生的连锁加盟事业提供更好的护航，也可以借助代理商成熟的市场网络，将周大生在河南市场的销售网络体系向更纵深处推进。与2004年一样，这次尝试让周大生河南分公司再度走在了周大生体系的前列。

▶ 角逐商界，再启事业新局

事实上，2014年对于周日升的事业而言，突破的不只是推动周大生河南分公司启用全新的代理模式。2014年1月18日，黄河南路与金水东路交会处的郑东新区落户了一家新的商业广场——万鼎商业广场。自此，周日升多了一重身份——万鼎商业董事长。

这是周日升自2000年以来首次迈出河南珠宝这个圈子，亲自操盘多业态的商业项目。业界也有人纳闷，周日升做了15年珠宝，为何会想到要亲自操盘一个综合性的商业中心呢？

对此，周日升坦言：“我的从业经历告诉我，平台很重要。周大生之所以能够在河南这个舞台上快速发展，离不开借力知名的百货商场与好的合作伙伴。尤其是当下，伴随着商业竞争日益激烈，平台的重要性不言而喻，尤其是综合性的平台。我坚信，打造一个综合性的平台，有利于充分整合优势资源，进而产生价值。”

周日升的出手也确实没有落空，在这个全新的商业项目中，他引入的业态各有各的精彩之处：落户其中的东方维景国际大酒店，是此品牌落户郑州东区的首个项目；入驻商业广场的北京同仁堂药店，是该品牌在郑州开出的第二家店面；还有新合作的联购超市、皇宫仙指养生会所、德克士等都是知名商号。这一商业项目选择时机与区位恰到好处，门前的广场直接与2013年年底郑州投入运行的地铁1号线接驳。万鼎商业广场的开业对河南珠宝业也产生了直接的影响，黄河南路与金水东路交会处正快速形成一个新的珠宝消费圈，这里汇聚了天顺祥翡翠、周大生河南运营中心、玉石缘等珠宝企业，并巧妙地与位于永和铂爵的金鑫翠钻宫、省地矿大厦形成了呼应。

【对话周日升】

记者：您平时最大的休闲是什么?

周日升：做企业，闲下来的时候并不多。只要有时间，我更愿意安安静静地看看书，放松放松。因为想要达到放松的目的，我看的书很杂，从人物传记到经史子集，再到西方管理的书籍都看。

记者：在珠宝行业打拼了这么多年，您是不是对收藏也很有心得?

周日升：心得谈不上，目前我确实对收藏有点爱好，不过品类并不局限于玉石类，邮票、古钱币、石头等都有所涉猎。在我看来，收藏的精髓不在于为财富做加法，而在于丰富社会文化常识，也算是在繁忙的工作之外为自己找一乐子吧。

第八章

一朝结缘，“情”定珠宝业

【黄旭文名片】

黄旭文，元亨利珠宝的创始人，改革开放后河南本土第一代珠宝商。如今，元亨利珠宝的销售网络已遍布河南、山东、安徽、江苏、江西等地，以润物细无声的姿态，在珠宝行业稳稳占据属于自己的一席之地。

【黄旭文写真】

在河南珠宝圈，她与兄长、妹妹是业界赫赫有名的“黄氏三兄妹”，早在

1997 年就投身珠宝行业的经营，江湖地位是公认的。在运营珠宝品牌方面，她慧心独具，率先提出“情感珠宝”这一理念，将传统文化、典故融合在元亨利品牌中，为品牌塑造了独特的价值与理念。

作为珠宝品牌元亨利的掌门人，她的事业无疑是成功的。更值得羡慕的是，她拥有一个幸福的家庭：她与丈夫谢宗选，在行业内共同打拼近 20 年，携手同行、相濡以沫，是河南珠宝圈中堪称典范的伉俪；她的女儿因成绩优异、社会实践经验丰富而受到 8 家美国的大学邀请，后择一赴美留学；她已人届中年，身边依然有老父亲的陪伴……

这样的黄旭文，无论是其创业的经历，还是生活的感悟，对于年轻的女性而言都是最好的“教科书”。

▶ 半路出家，夫妻俩携手创业

做珠宝的，提及紫荆山路与东大街交会处的十字金街，无人不知。元亨利珠宝的总部，就在街口的裕鸿花园 24 楼。

因为采访的缘故，出入黄旭文的办公室不止一次，却每次都会在她的办公室有点新发现：有时候是多出来一小幅云南特色的织染画，有时候是多出来一束娇嫩欲滴的鲜花。这些细节无一不在传递一个信息：这间办公室的主人有着怎样的生活情趣。

而随着与黄旭文交流的深入，又会发现，性格爽朗的她，往往会用最简短而鲜活的语言，讲述自己对珠宝、对生活的认知。

回忆起自己是如何结缘珠宝业的，黄旭文自我调侃：“我算是半路出家的，不仅如此，还把老公也拉下水了。当时，我是坐实验室的，老公是事业单位的。放弃稳定的工作自主创业，现在想来，跨度真的很大，但是也很值得。毕竟，没有当初的转身，又怎么会有今天丰富多彩的生活？”

谈及当时的转型，她回忆说：“我觉得自己骨子里是有点儿小资情调的，喜欢传统的文化，也喜欢一切时尚的元素。1996 年的时候，明星在画报上出现的时候常常会佩戴珍珠等珠宝首饰，看起来很养眼。这也为我打开了一扇新的窗户，让我发现，原来每个女性的内心世界对于美好的珠宝都是有着期待与追求的。做珠宝首饰生意，是带给生活美的事业，没道理没有市场。”

想到就去做，做事干练的黄旭文萌生了转行的念头后，认真考察了一番，便快速于第二年的春天着手筹备，并在郑州的二七商圈开设了自己的第一家珠宝店。

▶ 钟情文化，创造自己的品牌

当时的黄旭文还没有意识到这次转行为自己与丈夫开启的是怎样璀璨的一份事业，直至 2000 年，生意越做越顺畅，她才真正感受到珠宝行业的财富魅力，良好的运营也激发了她内心的渴望：要创造一个属于自己与丈夫的品牌，并用独特的理念培育这个品牌。

同一时期，河南省内以及国内的珠宝圈里，为珠宝品牌取名字有一种潮流，那就是要么选择一个听起来很西化的名字，要么选择一个寓意富贵的名字，即使是一些知名珠宝品牌也没能免俗。

这样的名字自然不是黄旭文的首选。她在创立自己品牌的时候，并没有跟随当时的潮流，而是请自己的父亲为品牌取了“元亨利”这一富有传统文化底蕴的名称，并邀请父亲泼墨书写“元亨利”三字作为品牌 logo（商标）。

“在中国传统文化中，元字，代表着开始、万物新生；亨字，代表着万事通达；利字，寓意着万物和谐共生。这三个字单独解释时，对应的是中国文化中的道家思想；组合起来，‘元亨利贞’则是大道之源《周易》的一个著名命题，是古代中国人的最高智慧之浓缩，具有永恒的生命力。”黄旭文这样解读元亨利这一品牌的来源。

从黄旭文的这一解读中不难看出，其内心世界对于传统文化的情有独钟。这一点，在其办公室的布置中也可以找到许多佐证：她的办公室里，粉彩的花瓶、典雅的中式风格家具、古韵十足的原木茶台，都在低调地传递着她独特而内敛的审美趣味。

▶ 弘扬传统，真善美融入品牌

黄旭文对传统文化的这份钟情与弘扬，更多地体现在元亨利珠宝的产品设计中。近的有元亨利珠宝新推出的梅兰竹菊、四大古典美女系列屏风，远的有其推出经年的婚嫁八珍系列。这些珠宝饰品尽管每一个系列承载的主题都不尽相同，却有着一个共同的特点，那就是其蕴藏的都有中国传统文化。

谈到这个话题，黄旭文有着自己的坚持。在她看来，作为中华儿女，每一个人都有义务保存与弘扬传统文化的精髓，而作为一个珠宝商，她能想到的最好方法就是将传统文化寄托在珠宝饰品上，让传统文化固态化并融入现代审美观中，这便是对传统文化最好的传承方式。

“2008年，我到日本考察后，更加坚定了这一观点。”黄旭文回忆说，“在日本，像三菱这样的本土品牌，无论是工厂管理还是设计理念，无一处不可见日本文化的痕迹。这是不是也证明了本土的才是最合适的、最有生命力的？日本人做品牌都有这样的自觉，历史比日本悠久的中国，企业家没道理没有这样的自觉。”也正是秉承着这样一种理念，她一手创下的元亨利珠宝在进行品牌运作时，特别强调将传统文化中的真善美注入品牌。

在黄旭文看来，如今，伴随着社会财富的不断膨胀、生活节奏的不断加快，整个社会各类思潮纷涌，越来越多的人在内心世界中淡化了对真爱的追求与执着。在这一社会背景下，珠宝业者肩负着一种责任，那就是不断进行尝试，将婚姻的责任感与爱情的纯真这一理念注入珠宝设计中，让佩戴者通过佩戴元亨利珠宝，能够感悟到爱情与婚姻的真谛，享受到幸福人生。

如今，在黄旭文这一理念的指引下，元亨利珠宝成就了独具特色的情感珠宝这一定位。即便是钻石首饰，在元亨利珠宝也是有自己独特的命名体系的，每个系列都承载着不同的爱情观点。

▶ 坚守初心，打造百年老字号

了解元亨利珠宝发展轨迹的老牌珠宝商会感叹，2004年那么好的年份，深具发展潜力的元亨利珠宝没有抓住最好的发展时机。当某次记者把这个问题抛给黄旭文时，她说：“2004年那次行业大发展的年份，我没有抓住，我不后悔。那一年，我母亲重病在床，作为女儿没有任何事情比陪伴照顾母亲更重要。如果当时，我没有那样做，我想我现在一

第九章

大胆打拼，用传统征服时尚

【黄飞雪名片】

黄飞雪，一恒贞珠宝创始人。如今，她一手创下的一恒贞珠宝拥有庞大的连锁店网，覆盖了国内绝大部分省份，直营店体系达近百家，核心业务更是涵盖珠宝首饰生产和销售的全产业链，在广阔的珠宝界舞台上展示着河南品牌的魅力。

【黄飞雪写真】

临近岁末，黄飞雪很忙。忙着为一恒贞珠宝导入新的 K 金首饰系列；忙着带她麾下庞大的团队开年会，办集体

福利游；忙着为 2015 年一恒贞珠宝在新三板的上市做准备……

在这样紧凑的工作节奏下，她却似乎始终“能量满格”，不仅充满激情地投入工作中，更不忘每天忙里偷闲，文艺青年般用细腻而深具洞察力的文字刷朋友圈。细心的话，你会发现，她的微信签名就是她对自己状态最好的注解：我想飞！一个有梦想的人，用毕生的精力专注于梦想，梦想一定会成真。

她的梦想是什么？

“让一恒贞珠宝，像蒂凡尼用国际时尚范儿征服中国人那样，走出国门，用根植中原的传统底蕴征服时尚的珠宝界。”她用通俗直白的语言注解说：“简单说，就是用我们的珠宝服务好中国百姓，然后再把它们卖到美利坚合众国去！”

▶ 投身珠宝业，情怀未改

“踏入商界二十载，尚未功成又名就。前日灵山拜佛祖，信心百倍再努力……”这是 2014 年 12 月 5 日黄飞雪在朋友圈发布的《四十六岁赋》。透过她写的这段赋，可以窥见黄飞雪在珠宝行业打拼的韧性与激情。

谈及自己是如何进入珠宝行业的，黄飞雪曾感叹：一次“大胆”的挑战，却成就了自己始终未改的情怀。

1993 年，年轻的黄飞雪做了一个“大胆”的决定：从博物馆讲解员变身为珠宝商。在身边的同龄人看来，她这样的选择，不仅意味着放弃了事业单位的“金饭碗”，更意味着换了一个从业领域。

然而在性格乐观、遇事极有主意的黄飞雪眼中，自己的这次转行尽管大胆却也“顺理成章”：“那时候，我在博物馆做讲解员，主要讲解的是墓葬玉石文化。工作的时间越长，我所掌握的玉石文化知识越多，我内心对于珠宝玉石有关的知识与文化就越充满了求知欲与探索欲。闲暇时，我还会钻个牛角尖：在漫长的人类历史中，那样美好的珠宝、玉石一直被掌握在极少数的人手中。可时代正在快速发生变化，珠宝、玉石难道不应该被更多人熟悉、拥有吗？”

也正是在这样的想法推动下，黄飞雪选择了投身珠宝业。在她看来，自己并没有离开所倾心的珠宝文化，只是换了一种对社会更有意义的形式来实现自己的兴趣与爱好而已。

进入珠宝行业后，她在以前学习与工作中积累下的深厚文化底蕴，让她对珠宝行业有着不同于其他人的见解。在她眼中，珠宝不仅是首饰，更是不同文化的载体，从事珠宝行业也是对传统文化进行另一种形式的推广。

▶ 坐着绿皮车，驶向春天

就这样，20 世纪 90 年代初，年轻而富有朝气的黄飞雪往返于郑州、深圳之间，一趟又一趟，将漂亮时尚的黄金首饰从南方带到中原。

“那个时候，交通不像现在这样发达。想要将漂亮的黄金首饰带回郑州，只能乘坐火车。没有高铁，没有动车，只有绿色厢体的火车，每次往返于郑州与深圳之间，需要数十个小时。”黄飞雪边回忆边感叹，“现在回想起来，当时我跟母亲乘坐绿皮车的次数真的很多：前往深圳挑黄金首饰款式需要乘绿皮火车，奔波于河南各地给下游合作商配送货物也需要乘绿皮火车。有时候，我也会觉得疲倦，不过看看已经年届六旬的母亲为了给自己打气、做榜样，精气神十足地亲自坐着火车去送货，我又会觉得，既然自己选择了这样一份事业，又怎么有理由不拼搏？”

一年又一年，创业初期的她，在这样的旅途中，不断积累着搏击商海的经验，也不断接触到全新的珠宝品类，“一个新的世界在我的眼前打开，就仿佛是坐着绿皮火车，一路咣当咣当地驶向了春天”。从单个珠宝店到在二七广场开设运营中心，黄飞雪的珠宝事业做得风生水起。

2004 年，正值事业腾飞期的黄飞雪却遭遇了人生一次重大的创伤：关爱自己并常常为自己打气的母亲罹患重病，在她与姐姐黄旭文的陪伴下，缠绵病榻的母亲一年后离开了她们。也是这一年，她为自己的珠宝事业按下了暂停键。

随着时间的流逝，渐渐从沉痛中走出的黄飞雪决定实现母亲对自己的期许，让自己事业的脚步走得更远，让珠宝文化为更多人所了解。

2006 年，一恒贞珠宝品牌落户北京，在北京繁华地段购买了数百平方米的写字楼，作为公司在北京的办公中心。伴随着这一步的迈出，一恒贞珠宝的声名在国内日益响亮。而这只是一恒贞珠宝在黄飞雪的推动下新一轮成长的开始。

▶ 与宝石对话，传播文化

2007 年，黄飞雪在深圳购买了专做外贸订单、以彩色宝石首饰加工见长的珠宝加工厂。之所以将这样一家加工彩色宝石的珠宝加工厂纳入麾下，与黄飞雪的“彩色宝石情结”有着密不可分的关系。

在河南珠宝圈内，黄飞雪接触彩色宝石特别早，早在她从事讲解工作时，她对于彩色宝石及相关的中西方文化已经有所了解与认知，而在她踏入珠宝行业后的 20 世纪 90 年代，她的公司已经开始销售红宝石。

在她看来，彩色宝石在古代因稀有而珍贵，象征着地位与权力；在现代，彩色宝石开始飞入寻常百姓家，色彩丰富的彩色宝石装点着人们生活的同时，也象征着财富与祥瑞。这也是她愿意沉下心来，与宝石对话，领悟其中文化并通过品牌传播的理由。

然而，先于市场一步者总是要承担更多的压力。2008 年，全球金融危机爆发，彩色宝石这一珠宝的细分市场受到的影响颇大，对于黄飞雪来说，最直接的影响就是工厂订单锐减。面对这种情况，黄飞雪扛了下来，因为在她心中，这不仅是生意，更是寄托了自己梦想的事业。

不经历风雨，怎能见彩虹？如今，经历了市场洗礼的一恒贞深圳珠宝镶嵌厂运营情况很好，不仅储备有品类丰富的彩色宝石，更拥有极富创造力、想象力的设计团队，凭借着富有文化底蕴与创意的原创彩色宝石首饰，反哺着一恒贞珠宝，为品牌增添着魅力。

▶ 与市场对话，引领时尚

从 1993 年郑州商贸城中心二七塔侧 100 平方米的小型珠宝店，到经历了二七圈残酷竞争的洗礼，逐渐变成如今业务遍布深圳、上海、西安、北京等地的知名珠宝公司，20 多年发展的日日夜夜，黄飞雪用细腻的触觉与市场对话，引领着时尚与财富的风潮。

黄飞雪结合中西发展企业文化

“我一直认为不是顾客抛弃了市场，而是市场抛弃了客户。”面对2014年珠宝行业与中国经济一起触冰的观点，黄飞雪给出犀利的剖析。在她看来，伴随着中国经济的螺旋式上升，珠宝行业的发展有高潮有低谷，这很正常。越是市场低迷期，作为业内人士越应该俯下身去跟市场对话、跟消费者对话，洞悉市场未来的方向，与消费者一起发现珠宝之美、珠宝文化之迷人。事实上，在这方面，黄飞雪带着她的团队走得极为靠前。

以一恒贞的品牌名称为例，黄飞雪将父亲为自己题的“一恒贞”三个字作为品牌名称，最重要的理由是向传统文化致敬，因为“一恒贞”三个字蕴含着“天地人和谐统一”的传统文化精髓。同时，在公司发展的过程中，黄飞雪并不排斥来自西方的珠宝审美文化，为“一恒贞”配了一个时尚的英文名 Youthén，为品牌注入年轻、时尚、活力的内涵，并大胆地在海外设立了分公司。

如今，一恒贞与 Youthén 这组中英文相结合的品牌名称，巧妙地演绎着品牌传统与时尚融合的丰富内涵。这样的尝试，对始于中原、走向国内外的一恒贞品牌来说，无疑是贴近市场的积极尝试。

以一恒贞销售的珠宝品类为例，黄飞雪不仅将黄金、铂金、K 金、钻石等传统珠宝品类植入一恒贞的体系，更是相继引入红宝石、珍珠、彩色宝石、彩色半宝石等丰富的珠宝品类，并充分借助旗下的一恒贞深圳珠宝镶嵌厂，将富有创意与设计感的珠宝首饰植入一恒贞珠宝的近百家直营店体系内，走在了时尚的前端。

如今，凭借独特的个人魅力与坚定的信心，黄飞雪与她一手创下的品牌一恒贞在行业内早已闻名遐迩，但是，黄飞雪仍然充满激情，奔跑在她追梦的路上。

她在自己的《四十六岁赋》中这样写道：过往流年喜忧参半，不过，我是快乐的、真实的、幸福的，为理想、为梦想而战，在所不惜！

【对话黄飞雪】

记者：作为成功女性，能不能给现在正在打拼的女性一点建议？

黄飞雪：在创业的路上也好，在人生的路上也罢，相较于男性而言，女性不仅要学会坚守，更要学会不断成长。

35 岁之前的女人，很多时候更像个孩子，会骄傲，会脆弱，也会敏感，这个时候不要因畏惧而不去尝试很多东西。对于女性而言，丰富的人生阅历是最好的教材。经历了时光的沉淀，你才会发现，之前的苦恼很多都是因为自己不够成熟。真正成熟的女性，无论是在家庭还是职场，都会聪明地用更柔和的方式去处理问题，让所有的难题轻松解决，而非以激烈的方式解决。”

记者：在外界看来，知名的珠宝商就意味着坐拥财富。您如何看？

黄飞雪：人的一生，是为体验丰富的生活而来，而非为占有财富而来。在我看来，自己创下一个珠宝品牌，为的不是占有这些漂亮的珠宝，而是观遍这个世界上所有美的珠宝，并把它们挑选出来，分享给更多人，让珠宝的美装点更多人的生活。

引　言

在河南珠宝圈这个“江湖”里，总有一些故事虽不在正史之列却同样有价值，且比正史更多了几分趣味。

正如管中窥豹，这些散落在珠宝“江湖”中的段子，还原出的恰是最真实的、最河南的“珠宝江湖”。

第一章

珠联宝合

在各自的家族中，他们是血浓于水的兄弟姐妹；

在河南珠宝圈里，他们是配合默契的搭档、伙伴；

因为有他们的存在，“珠联宝合”这四个字才有了最完美的注解……

或许相处的方式各有不同，但是他们相处的故事同样地充满生活的智慧。

▶ 陈家四兄妹：家训加西式会议“生”出和谐

中国有句古语叫“亲极反疏”。这句话用在家族企业颇有几分道理：许多时候，兄弟姐妹这样亲密无间的关系，在具体而繁琐的工作关系中反而会使彼此的亲密度减分。这样的例子并不少见。

而在河南珠宝圈，有这样四兄妹，在近 20 年的搭档中，将父亲陈其周创下的事业推向了更高的顶峰。他们就是郑州安得工艺品有限公司的第二代传承人陈惠义、陈峰、陈秋丽、陈秋敏四兄妹。

20 世纪 90 年代中期，陈其周看到

这份事业发展的前景，萌生了一个想法：除了协助创业的长子，希望其他子女也能够放下自己的事业，回到家族的事业中来，共同将这份事业做得更好。

经过家庭会议的讨论，陈其周与子女很快达成共识：次子陈峰与两个妹妹先充电再投身家族事业。

就这样，陈峰放弃了在酒企的工作，与妹妹陈秋丽、陈秋敏相继到北京外国语大学进修英语，为到美国市场打拼做足准备。陈秋丽除了在北京外国语大学进修英语，还特别到对外经济贸易大学进修财会。

作为局外人来看，不得不承认，陈其周的眼光确实看得长远。这段充电的经历，对于本已接受过高等教育的陈家兄妹来说，意味着在美国市场打拼的底气更足了。

如今，在安得工艺，陈家四兄妹各自在自己熟悉的领域发挥着专长，配合默契：跟随父亲时间最长、对彩色宝石加工工艺最熟稔的陈惠义主要盯着郑州、新乡的两个加工厂；分析判断与公关能力强的陈峰主要负责满世界地采购彩色宝石的原材料与美国分公司的行政事务；文章雅致、沟通能力强的陈秋丽则被父亲调侃为“安得工艺外交部的外交官”，重点负责外联事宜；颇有灵性的陈秋敏则驻在美国公司，将订单、仓库、设计这一条龙的业务调理得顺顺溜溜。

工作中默契的配合、生活中的亲密无间，让陈家四兄妹成为陈其周

陈其周的全家福

口中“人生最大的骄傲”。

他在人前会自豪地说：“在他们年少时，我对他们说：‘你们现在很好，还不是真正的好，等到你们长大成人、结婚生子有了自己的小家庭之后，还能这么好，才是真好。’现在，四个孩子从来没有因为事业、钱财红过脸，彼此有爱无隔阂，我很骄傲。”

事实上，陈家兄妹的默契与和谐背后，除了有良好的家教打下的基础，还有陈其周一早定下的特殊“家训”带来的积极作用。无论是生活还是工作，陈其周对四个孩子没有什么要求，唯一的家训是“媳妇、女婿不能参与家族事业的经营”。

生活中，儿女对陈其周很贴心

这样特殊的家训背后有着陈其周的深思熟虑：“不让媳妇、女婿参与家族事业的经营，并非是我不爱他们，而恰恰是爱他们才会定出这样的家训。这样主要是考虑到，媳妇、女婿加入家族事业的经营后，这份事业就会自然而然变成四个小家庭的合作，而非兄弟姐妹之间的合作。四个家庭的配合，就意味着至少有五个不同成长背景的思想要在一起碰撞，再亲密也会有小的摩擦；而四个兄弟姐妹的配合，即便工作意见不同，也会很快在从小培养的情意的润滑下，通过沟通变不理解为理解。”

除了家训带来的积极作用，陈家四兄妹还有一套很“西式”的独特相处办法，那就是遇到重要的经营节点，兄弟姐妹就坐下来开个家庭会议，先每人畅所欲言，然后民主表决。这样的相处方式，既帮兄弟姐妹间消弭误解于无形，又帮他们在企业运营中避开了弯路。

“这样的民主表决，仅有的败北只有在父亲要买矿物标本时会出现，其他时候都是成功的。”陈秋丽调侃说，“父亲爱买矿物标本，只要矿物标本入了眼，多贵都舍得。许多时候，我们兄妹四个也会很心疼买矿物标本占去的资金啊。只是每次看到父亲眼中对矿物标本的那份痴迷，我们都会集体心软，哪怕其他地方省一省，也一定要让父亲如愿。”

▶ 黄家三兄妹：老父起的俩名情动一生

20 世纪 90 年代末，对于深圳特区的黄金生产厂家来说，河南珠宝圈入行颇早的黄旭辉、黄旭文、黄飞雪三兄妹的名头是绝对响亮的存在。

当时的国内，实施的是黄金制品零售业务许可证管理制度。对于企业而言，黄金制品零售业务许可证可谓“一证难求”，而黄氏三兄妹无疑是幸运的，他们就拥有这样一张珍贵的许可证。

在当时的政策背景下，他们共享这张珍贵的黄金制品零售业务许可证，结伴到深圳特区采购黄金首饰，在郑州市场上互相支持。正是在彼此的扶持下，三兄妹各自创下的奥罗拉、元亨利、一恒贞三大珠宝品牌均在业界占得一席之地。

在他们兄妹创业的初期，最大的动力与信心不仅来自彼此的扶持，更来自母亲对他们做出的示范作用。当时，本已退休的黄母，为了给儿女传递信心而坐着绿皮火车、带着黄金首饰奔波于国内各地。黄母的激情与信念，成为黄氏兄妹创业路上最持久的精神支撑，并带着他们走出创业之初的无品牌时期，进入塑造品牌的时期。

20 世纪 90 年代末，黄旭文与黄飞雪进入珠宝行业已有不短的时日，她们各自的金店运营情况良好，创建属于自己的珠宝品牌这一需求就迫切起来。而创建品牌，离不开一个叫得响亮又颇有意蕴的品牌名称。于是，在某次家庭聚会后，姐妹两个撒娇地向黄父提出“爸爸给我们的品牌取个名字”这一要求，因为黄父不只社会阅历丰富，文学底蕴也很深厚。

“用现在时髦的话说，老爷子年轻的时候是个绝对的文艺青年，闲暇时喜欢拉拉二胡、看看书。父亲的这些习惯潜移默化中对我们兄妹都是有影响的。”黄旭文回忆说。

应姐妹二人的要求，老爷子在家好一番引经据典后，从《周易》中的一卦“元亨利贞”四个字中，琢磨出两个颇具传统文化意蕴的珠宝品牌“元亨利”“一恒贞”，并亲自手书两个品牌的名称，送给姐妹二人。

至于姐妹俩怎样分这两个品牌名，黄母给出的建议是，按照长幼有序的排列方式，把元亨利给姐姐用，把一恒贞给妹妹用。

“现在想起来，父亲推敲出的这两个品牌名称大有意蕴。一方面，这是寄托着他对我们姐妹事业的美好祝愿，同时用传统文化来含蓄地提示我们姐妹，做生意不要一味追求功利，要讲究社会公益；另一方面，这是大有关联的两个品牌名称，时刻提醒我们是同根同源、相亲相爱的姐妹，在事业上更要相互帮扶。”黄旭文每讲到这段渊源时都会感叹。伴随母亲的远去、父亲的年迈，三兄妹之间的情意反而在岁月的发酵中越来越醇厚、越来越珍贵。

关系亲密的黄家姐妹

在黄飞雪看来，尽管如今三兄妹都创立了自己的品牌与企业，但还是会定期聚在一起，不仅共享采购环节的资源，放大这个环节在三家企业的优势，还会毫不设防地敞开心扉交流彼此对市场行情的判断，分享经营的经验。比如，在互相影响下，元亨利珠宝与一恒贞珠宝的运营中心都设在了郑州东大街与紫荆山路交会处的裕鸿花园，仅四层之隔的两大品牌的运营中心，极为便于姐妹二人随时交流沟通，甚至不谈工作，只是单纯地在一起闲聊。

黄飞雪与黄旭文两姐妹事业上相互帮扶，生活中更是亲密无间。也是凭借这份对彼此的关心与扶持，至今黄氏三兄妹的创业故事依然在河南珠宝圈被津津乐道。

▶ 年家兄弟：“麦霸”和“畅饮”皆豪爽

在河南珠宝圈还有这样一对兄弟：从 1997 年至今，他们性格迥异却配合默契。他们就是年永安、年永民兄弟。

熟悉年氏兄弟的人都知道，两人的性格与爱好出入颇大：年永安性小珠宝商。

尽管从业之路各有不同，但是仔细比较陈美峰几人的创业之路，会发现其中有着惊人的相似点。他们身上共有的精神品质，就是对闽商精神最好的注解。

▶ “赤足上路，白手起家”

“赤足上路，白手起家；善做鸿梦，勇走天涯；懂勤俭节约，能吃苦耐劳；知原始积累，唯不辍耕耘。”这是福清商会总结的融商精神中重要的一条。用这一条精神品质来套的话，会发现陈美峰、张国汉、林玉瑞、周日升都是如此。几位业界大佬，人生的第一桶金都是靠自己挣来的，肯吃苦，也敢逐梦。

1993 年，年仅 17 岁的陈美峰离开家门，辗转于大连、烟台等地学习打金技术，攒下了自己人生的第一笔启动资金，为不久后实现自己的人生梦想奠定了基础；1995 年，怀揣打金技艺的张国汉在郑州人民银行做技师，一边攒钱一边琢磨着自己未来要走的路；1997 年，林玉瑞跟着哥哥做着珠宝首饰维修加工的活计，心怀创业的梦想，更积累着创业经验；1999 年，周日升带着唯一的下属，开始在陌生的河南市场打拼。

从淘到第一桶金，到画下事业的起点，陈美峰、张国汉、林玉瑞、周日升，尽管每个人所走的创业之路各有不同，却凭借共同的精神品质——肯吃苦，不怕起点低，做事务实，勇于学习，各自成就了财富神话，并在发展的道路上稳健前行。

谈到闽商的这种精神品质，周大生河南分公司总经理周日升这样注解：“融商精神的重要一条就是，不靠祖产祖业，哪怕起点再低，都要赤手空拳挣来自己的一片天地。”

▶ “地球为村，五洲为邻”

“闽商有个很有意思的传统，不排斥离开故土打拼。无论走得多远，只要情系故土就足够了。这是一种什么思维？真的是很开放的一种思维。”铭心珠宝运营总监王帅兵这样解读。在河南珠宝圈活跃着的这些闽商也确实如此，他们远离故土，却打拼出属于自己的精彩。

1995 年，陈美峰迈出了实现自己人生梦想的第一步，在郑州投入全部积蓄开设金大福珠宝商行，凭借红蓝宝石镶嵌业务向更远大的人生梦想靠近。3 年后，他又借国家放开黄金交易市场的东风，开设了自己的第一家金店，画出梦想的新起点。同一时期，张国汉远离故土，从为金店跑业务做起，直至 2001 年，终于开设了华昌珠宝的门店，跻身珠宝商的队列。也是在同一年，林玉瑞巧妙地抓住全国连锁的北京华联超市入驻郑州这一机会，开设了属于自己的珠宝专柜。周日升则在自己人生最富有创造力的 15 年里，为周大生在河南市场开疆辟土。

如今的他们已经深深扎根中原，在这片土地上创造了属于自己的财富传奇，收获了属于自己的行业地位。在河南珠宝圈，他们甚至被很自然地看作“本土珠宝商”。他们用自己创业与打拼的经历，充分诠释了融商精神中的“地球为村，五洲为邻”。

特别值得说明的是，他们尽管远离故土，却同样情牵桑梓。以陈美峰为例，多年来，先后多次捐赠钱物，为家乡修公路、建祠堂。而张国汉不仅自己在河南创造着财富传奇，更是引荐福建老乡在河南创业，为老乡提供帮扶与支持。或许形式各有不同，但是他们都在尽自己的力量回馈着故土。

他们成功的神话，或许在当下的市场背景下无法复制，但是他们身上的这些精神品质却值得每个年轻人学习借鉴。

细思之下，不难窥见传统珠宝从业者对商业信誉的看重有多么严苛。

▶ 时隔 20 年钻戒照样调换

看到这里，如果你觉得河南珠宝商这份关于诚信的信仰更多地体现在业内的合作交流中，那你就错了。事实上，面对市场与顾客他们也依然如此，几乎每家珠宝企业在经营的过程中都留下了践行对顾客承诺的美谈。

2013 年 5 月，天成珠宝金楼在正常营业中接待了这样一位顾客：她持有的是 1994 年在天成珠宝购买钻戒的凭证，按照天成 1994 年的服务承诺，她持有的钻戒可以享受终身免费调换款式的服务，此次她到天成珠宝金楼就是来调换钻戒款式的。时隔近 20 年，天成珠宝的服务标准早已发生了很大的改变。这么久远的消费承诺，天成珠宝的工作人员不见得会兑现。事实是，天成珠宝的工作人员只是简单核对一下顾客资料，甚至在原始购买凭证并不完备的情况下就顺顺当当地为顾客调换了钻戒款式，履行了最初的服务承诺。

▶ 公证处见证与立木为信

这份面对顾客的诚信与坚持，在河南珠宝圈并非天成珠宝独有的品质，类似的美谈甚至可以追溯至 20 世纪 90 年代。

1999 年，金鑫珠宝开设“洛阳上百店”。开业之初，金鑫珠宝这家店就推出了“每月一日大奉送”活动。这一活动力度相当大，幸运的中奖顾客可以获得买什么送什么的福利。为了让市民具体地感受到金鑫珠宝的诚信，金鑫珠宝直接请了当地公证处的工作人员到场对这一活动进行公证。邀请公证处进行公证的行为，就是放在今天，没有十足的诚信，零售企业也轻易不会执行。

如今，金鑫珠宝洛阳分公司“月末大抽奖”活动，截至 2014 年 10 月 26 日已执行到 209 期，金鑫珠宝每月拿出数万元回馈购物的老顾客，成为其招牌活动，为其诚信做了最好的注解。

2014 年 3 月 15 日，金鑫珠宝更是在其郑州正弘店用看似夸张的

金鑫珠宝的月末大抽奖已成为其诚信的标志之一

做法诠释着其对诚信的极致追逐。当时，在金鑫珠宝的活动现场，金鑫珠宝借用古时“南门立木”的典故，邀请其会员将木桩从正弘店东门搬至北门，承诺完成任务者将获赠金鑫珠宝给予的奖励现金 1000 元，当场兑现。一开始在场的金鑫珠宝会员并不太相信如此轻松就能拿到这 1000 元，直至有个会员抱着半信半疑的心态扛着木桩跑了一圈后实实

金鑫珠宝一诺千金，再现“南门立木”典故

在在拿到了金鑫珠宝给的 1000 元奖励，现场才爆发出惊叹声。诚然，金鑫珠宝做这一活动有其营销的目的存在，但是透过其活动不难窥知金鑫珠宝的企业文化中对于诚信这一理念接近偏执的追逐。

这样看起来颇有戏剧性、与诚信有关的桥段，以前在河南珠宝圈不少见，今日在河南珠宝圈依然不断上演，而这样群体性推崇诚信的举动，在其他零售业领域却很难一见。

大事记

引　言

1993 年至 2014 年，河南珠宝行业经历了跌宕起伏的发展。

以时间为轴，选择珠宝发展中关键节点的关键事件，整理出这样一份“大事记”，目的只有一个：让曾为推动这个行业发展而付出过汗水的每个人看到，就像翻开了回忆录，在心中串起了美好的记忆；让不曾亲身体验过那激情澎湃岁月的人们，能通过这样一份备忘录，对那样一个时代有个清晰的认知脉络。

如此，足矣！

大事记

1993 年

老天成金店落户郑州市商业街区正兴街。

1994 年

天成珠宝旗下的大富珠宝金行开业。

1995 年

天成珠宝旗下的鑫源金珠宝金行开业，落户郑州市德化街。

5 月，“金伯利钻石”正式成功通过商标注册，并于当月开设国内第一家以钻石为主营的专营店。

1996 年

天成老字号金店开业，坐落于郑州市德化街妇幼商场一侧。

1997 年

天成金店开业，落户于郑州市东太康路。

10 月，金鑫珠宝连锁企业成立，其前身为洛阳亚细亚金鑫珠宝有限公司。

金美福珠宝落户新郑。

1998 年

天成珠宝金行落户于郑州市黄河路。

10 月，洛阳上百金鑫珠宝有限公司成立。

谢瑞麟进驻郑州金博大购物中心。

1999 年

金鑫珠宝在洛阳上海市场百货大楼开设 3000 平方米的“金鑫珠宝洛阳上百店”，成为当时中国最大的珠宝卖场。

德化街天成金银楼开业，成为德化街最耀眼的标志性建筑之一。

安得工艺在郑州的工厂开建，一边建厂一边开工，与美国市场的订单进行无缝对接。

周大生珠宝在北京王府井百货开设大陆第一家专柜。

周大生珠宝进入河南，并开出第一家直营店。

金美福珠宝入驻深圳水贝珠宝工业园。

2000 年

5 月，真玉工坊入驻郑州金博大城。

8 月，郑州华昌珠宝首饰有限公司成立，代理河南老凤祥批发业务。

10 月，上海钻石交易所正式成立。

天成金店由东太康路向西迁址，重新改造装修后，营业面积、店容店貌有了不小的提升。

2001 年

8 月 1 日，足金饰品、金精矿、金块矿和金银产品价格放开。

9 月 29 日，中国国家黄金集团公司成立。

11 月 1 日，我国黄金饰品零售管理改革办法正式实行，取消黄金制品零售业务许可证管理制度，实行核准制。

11 月 28 日，黄金交易所模拟试运行。

12 月，金鑫珠宝第一家连锁店“洛百金鑫珠宝城”正式开业，成